PTA
わが家の子育て
～悩める子育て 楽しい子育て～

著作　公益社団法人日本ＰＴＡ全国協議会

ごあいさつ

公益社団法人日本ＰＴＡ全国協議会　創立70周年記念　家庭教育実践事例集「わが家の子育て　～悩める子育て　楽しい子育て～」の発刊にあたり一言ご挨拶申し上げます。

日本ＰＴＡは昭和23年に創立しました。創立にあたり前年の昭和22年、文部省は「父母と教師の会―教育民主化のために」と題する手引書を作成し、全国の都道府県知事に送付しています。その中で、ＰＴＡの趣旨を「子どもたちが健やかに正しく育っていくには、家庭と学校と社会とが、その教育の責任を分け合い、力を合わせて子どもたちの幸福のために努力していくことが大切である」としています。

日本ＰＴＡは本年創立70周年を迎えますが、その悠久の時の流れにおいて、大きな社会の変化と、国の発展とともに教育の発展に資する活動を行って参りました。教育基本法の第一条では、教育の目的が示されており教育とは、人格形成と平和的な国家・社会の形成者として心身ともに国民の育成に期することとしています。家庭・学校・そして地域での学びを通じて複合的な学びが人格形成につながるとも言えます。

特に、家庭教育に於いては、すべての教育の出発点とも言われます。

家庭では家族のふれあいがあり、「早寝、早起き、朝ご飯」に代表される基本的な生活習慣を身につけ、ご飯の準備や掃除や洗濯、片付けなどのお手伝いを通して、身支度できる能力や人に対する信頼感、情操、あるいは思いやりが磨かれ、命の大切さやつながりなど基本的な考え方、社会的なマナーやルールを学ぶ場が家庭にあると言えます。

また、大人は家庭による「子育て」を通して得られる学びや気づきが多く、失敗を繰り返しながら子どもと共に成長していく場でもあります。子どもはその大人の姿を見て成長していくことになり、家庭での子育てが子どもの考え方や在り方として心に刻まれることを考えますと極めて大きな役目を家庭は担っています。

本書は全国の「子育て」に関する83事例をご紹介しています。各ご家庭の様々な考え方やルールなどエピソードを紹介しながら、悩み・泣き・笑いなどを交えた奮闘日記の事例をオムニバス形式で楽しんでいただけるものとなりました。

日本PTAは綱領で「本会は、教育を本旨とし、特定の政党や宗教に偏ることなく、小学校及び中学校におけるPTA活動を通して、わが国における社会教育及び家庭教育の充実に努めるとともに、家庭、学校、地域の連携を深め、子どもたちの健全育成と福祉の増進を図り、もって社会の発展に寄与する。」と定めています。

全国の多くの会員や関係の皆様のお力添えをいただきながら、綱領に即した活動の一環として、このような図書を世に出して、家庭教育を通して子どもたちの健全育成と成人教育に資する活動を行うことは本会の使命と認識しております。

子育て世代のみなさまをはじめ、教育に係る多くの皆様にお読みいただけますと幸甚でございます。末筆ながら本書発刊に際し、事例を提供していただきました皆様をはじめ、ご尽力いただきました全ての関係の皆様に感謝申し上げご挨拶と致します。

平成30年6月

公益社団法人日本PTA全国協議会

会　長　東　川　勝　哉

発刊にあたって

家庭教育は、全ての教育の原点として、子どもが基本的な生活習慣や生活能力、自制心や自立心、豊かな情操、他人に対する思いやり、基本的倫理観や正義感、社会的マナーなどを育成する上で重要な役割を果たすものです。

しかし、家庭の教育力の低下が指摘される中、少子化や都市化、核家族化、地域における地縁的なつながりの希薄化等により、家庭を巡る状況の急激な変化し、親の過保護・過干渉や無責任な放任、育児不安やしつけへの自信喪失等、様々な問題が生じているのが現状です。

その中で、各学校のＰＴＡにおいても、危機感を持ち、「家庭教育の重要性はＰＴＡから！」と、それぞれの発想で長く、きめ細く重点を置いて実践をされていることでしょう。

では、その内容はどんなものでしょうか？

家庭で教えるべき教育のことを家庭教育と解釈するのならば、保護者が家庭で教えるべきことはどのようなものなのでしょうか？

しつけということは？

子どもに伝えるべきことは？

それらは、各家庭で微妙に違うと感じます。親が口うるさく言っていること、家訓のような家庭のルール等、皆様が育った思い出の中にそれらがあったかと思います。

公益社団法人日本ＰＴＡ全国協議会は、「家庭の数だけ家庭教育がある」とし、今回、83の事例の家庭教育をご紹介いたします。

共感できる家庭、学ぶことがある家庭、わが家とはまったく違う家庭等、たくさんの家庭教育があります。そのどれもが、その時間を真剣に子どもと向き合い、子どもの将来を考えて保護者の経験から、大切な子どもたちが、社会で生き抜くために必要な社会性を伝えた事例です。

家庭で教えるべき教育は、保護者が学びながら伝えてきたという現状から、まさしくＰＴＡからの発信に相応しいという考えで、この事例集を出版する経緯となりました。

そして、家庭教育から社会教育へと繋がっていき、子どもたちが社会で生き抜くことが出来る教育の原点を私たち保護者が担っているという想いのもとご一読いただけましたら幸いです。

結びになりますが、本書出版にあたり、ご寄稿・編集発行にご尽力いただきました保護者の皆様に心より感謝申し上げます。

平成30年度　出版・編集ワーキンググループ

西村　澄子

平成30年6月

もくじ

第3章 子どもと共に…、親子で互いに…

第4章　向き合って…、寄り添って…

第5章　その成長を…、その頑張りを…

第1章

大人の姿を…、子どもの姿に…

子どもにとっては親の生き方こそ最高の教材になります。
子どもは「親の言う通りにはしないが、親のする通りにはする」からです。

（ジョセフ・マーフィ）

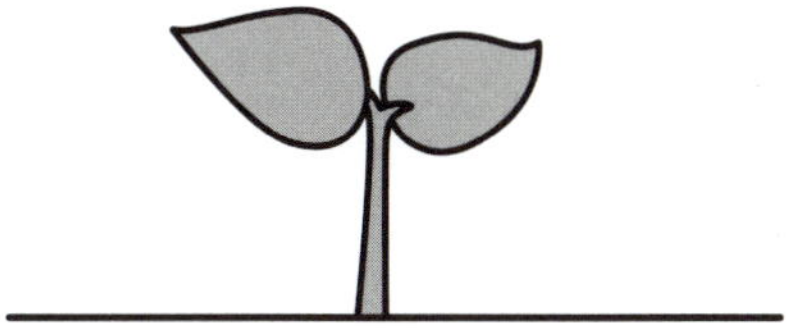

1-1 核家族・共働きでの子育て

―北海道―40代―男性
鈴木 章夫

＊家族構成＊
●父（公務員）　●母（公務員）
●長女（高校生）　●長男（中学生）
●次男（中学生）　●三男（小学生）

買い物袋を抱えて家へ帰ると、三男が宿題をしていました。一緒に取り組むべきところですが、「えらいねえ。」と、頭をひと撫でし、夕食の支度に取りかかります。独身時代、料理などさっぱりでしたが、今では家事全般それなりにできてしまうのも共働きならではなのでしょう。

少し年が離れた末っ子の三男は小さなころは、私たち親はもちろん、姉弟からも随分可愛がられました。そのせいか、今でも甘えん坊なところがあります。そして、四兄弟姉妹のなかで一番勉強が嫌いなようです。キッチンの近くで勉強しているので、様子がよくわかるのですが、もぞもぞ動きだしたな、ため息まで、ついに机にあごを乗せてしまった、もうギブアップのようです。さすがに手を止め、覗いてみますが、そんなときには、中学生の次男の助けを仰ぎます。「小学生にわかるように教えてあげることもお前の勉強だ。」などと都合のいいことを言って、ひどい親ですね。

料理の続きを始めつつ、「今日の風呂当番は誰だ？」と声をあげます。「今日は、三男だ。」「え？　俺、昨日やったって。」「うそつけ、やってないだろ。」そんなやりとりもわが家の定番です。風呂洗いを当番制にしているのです。「わかったから、長男頼む、三男宿題が終わらないんだ。」と言うと渋々ながら、「お前、明日絶対やれよ。」と、引き受けてくれることが多い長男です。

そうなると手の空いている人が気になります。「洗濯物たたんでくれ。」「えー、うーん、いいよ。」のんびり屋さんですが、やるときにはとことんやる長女、「ついでに洗濯も。」「それは無理。」あっさり断られました。これだけの人数、身体も大きくなり、一晩に3回洗濯する日もあり、結構な作業量なんですけどね。

そんなやりとりをしているなか、母親が帰ってきました。私が遅く帰宅するパターンも当然ありますし、どちらかが出張等で不在のときはてんてこ舞いです。役者が揃えば、家事もスピードアップ、それでも夕食は、8時を過ぎることがほとんどです。

そんな反面教師のようなわが家の子育て、皆、どのような人間に育っていくのでしょう。長女は、高校最後の吹奏楽コンクールで、編成上のパート変更という厳しい選択を自ら買って出たそうです。長男は、野球部の主将として嫌われる覚悟で、チームを鼓舞し続けたようです。次男は、皆が嫌がる生徒会長を引き受けました。皆、自分で考え決断したようです。学力に秀でてはいませんが、周りの状況や人の気持ちなどを考えて行動をしてくれているのだと思います。これからどのような道に進むかわかりませんが、いろいろ厳しい場面に直面しても、なんとか生き抜いてくれるような気がしています。

さて、ちょっと心配な三男坊、プロ野球選手になって、車をプレゼントしてくれるそうです。「最近は、勉強も頑張らないとプロ野球選手になれないってさ。」「えっ？」そんな調子で毎日賑やかに暮らしています。

共働きの限られた時間、あまり力まず、人間らしく生きる姿を見せることが、わが家のひと工夫です。自慢できることは何もありませんが、そんなわが家に帰るのが、毎日楽しみです。

1-2 一生勉強・一所勉強・一緒勉強

―青森県―40代―女性
福士 めぐみ

＊家族構成＊
●父 ●母 ●長女
●次女 ●三女

今年のわが家の年賀状、主人のコメント欄には「資格取得100突破」と近況報告が綴られていました。文字通り主人の趣味は資格を取得することで、毎年コツコツと資格・検定試験を受け続けています。学校を卒業＝勉強卒業ではなく、勉強は終わりがないのです。探究、向上心のある限り続く学び、これが「一生勉強」です。わが家の学習習慣は、この言葉に尽きます。ずっと学び続ける姿を見せられるのは、初めて言葉を子に教えるのと同様に、近くにいる親だけなのです。

私をはじめ3人の娘たちも、主人の影響で検定を受けています。家族で検定の過去問題に取り組み、旅行を兼ねて他県に受けに行ったこともいい思い出です。

このように、わが家では、一緒に勉強に取り組みます。これが「一緒勉強」。検定試験などのように同じ内容を一緒に勉強することもありますし、各々の課題に取り組むこともちろんあります。大事なのは、親が学びを楽しむ姿を子に感じてもらい、いつしかそれが子の学びの喜びにつながっていくということです。

勉強の場所は、リビングまたは勉強部屋のいずれかです。勉強部屋といっても個室ではありません。一続きの長い机に皆が並んで勉強するスペース、文字通り勉強部屋がわが家にはあるのです。隣席でお互いの気配を感じながら、ときに質問したりしながら勉強します。これが「一所勉強」。これは、リビングでの学習にも同様の効果があります。

加えて、わが家では、勉強した結果を可視化しています。子どもたちが試験に合格した合格証書、また、図画や読書感想文、はたまた皆勤賞など学校を通していただいた賞状は、全て額に入れて、皆が見える場所に飾っています。学習した内容が全て形あるものになるわけではありませんが、こうして、成果を可視化することによって、自己肯定感が高まり、モチベーションの維持にもつながっているように感じます。

一方的に子どもに「勉強しなさい」というのではなく、親が勉強する姿を見せます。時間、場所の確保がなかなか難しい時代ではありますが、「一生勉強の先生」は「先に生まれた親」といったところでしょうか。

1-3 子どものレジリエンスを高めるためのわが家の工夫

―宮城県―50代―男性

＊家族構成＊

- 祖父
- 祖母
- 父
- 母
- 長女
- 次女
- 三女
- 四女

最近の子どもたちは精神的にとても脆弱になっています。私は専門家ではありませんが、原因は容易に想像ができます。過保護や愛情過多あるいはネグレクトや愛情不足といった親の問題、複雑で急激な環境の変化による多様なストレス、そして核家族化やコミュニティの近代的な変化によってそれらに対する適切なアドバイスをくれる大人が周囲に不在であることです。

「レジリエンス」とは精神的な回復力や復元力という意味で使われている言葉です。もっと言えば適応し生き延びる力のことです。私たち親は、子どもたちがストレスや精神的苦痛の荒野で生き抜いていくためのサバイバルする能力を身につけさせなければいけません。では、その能力とは何でしょうか？

それは、前向きな姿勢と楽観的な思考です。これは教えるというより、日常会話のなかで常に親が示し続けることが大切だと考えます。娘たちが何か失敗してくよくよしているときに私がよく言うのは「なんとかなるさ。」という言葉です。ただし、「何とかなるためには何とかするぞという強い意思と、そのための努力を惜しまないこと。」と後に続けます。私の言う楽観主義は無責任な能天気ではなく、行動と努力を伴う責任ある楽観主義なのだということをことあるごとに話し、自分の過去の多くの失敗談を教えます。そして、でもその都度何とかなった(何とかしてきた)から今ここにこうして生きているということを付け加えます。

さらに言うならば、前向きな思考とは失敗をなかったことにするということではないということです。反省と後悔は違います。娘たちがいつもくよくよしているのは後悔です。それでは後ろ向きにそこで思考停止してしまい、そこから前に進みません。私は言います。「何が悪かったのか、どこで失敗したのか分析し、反省したらあとはもう考えるな。後悔しているだけでは何とかなるものも何とかならなくなるんだ。」と。それから、分岐点での選択を間違えた結果失敗したと後悔している場合はこう言います。「別な選択をしていたら今よりひどい結果になっていたかもしれない。現状が考えうる最悪の結果でない以上、これはラッキーと思え。」

それから他人の評価は全く気にするなといつも言っています。容姿も、行動も、判断も、成果も誰かと比べる必要はないのです。「お前が正しいと思ったら自信をもっていいんだ。お前の判断に間違いはない。正しい判断ができるように育てた自信があるから。」

このように、わが家ではまず親が前向きで楽天的な姿勢を示し、常日頃会話の端々にその思考方法を紛れ込ませ、いい意味で洗脳しています。前向きな精神状態は肉体にも影響力をもち自己免疫力の向上やストレスを抑えるホルモンの分泌を促すようです。

震災後に大人より子どもの立ち直りが早かったのは、前向きで適応力が高かったからです。レジリエンスを高めるということは、生きる意欲を高めることにつながります。どうか子どもたちに「もっと気楽に」と言ってあげてください。

1-4 ＰＴＡがもたらしてくれた充実した子育て

千葉県　50代　女性
加藤　珠以

＊家族構成＊

- 祖母
- 父
- 母
- 長男

子どもが幼稚園に入園し、初めてＰＴＡにかかわることになったときには、子どもの成長をなるべく近くで見たいと思っていた程度で、役員・ＰＴＡ会長を引き受けていました。役員になると、多くの行事にもかかわり、ママ友も増え、子どもたちと一緒に楽しい思い出をたくさん作ることができました。

小学校に入学すると、ＰＴＡ組織も大きくなり、それに伴って問題点も増え、運営や人間関係も難しくなり、やっとＰＴＡが親の学びの場であることに気付きました。ＰＴＡは想像以上に奥深く、子どもの教育を学校だけに任せるのではなく、子どもたちの健やかな成長のための環境づくりを手伝いながら、親としての家庭教育力を磨き続けなければならないのだとわかりました。そして親も楽しく活動している姿を、頑張っている姿を、身をもって示していきたいと思い、ＰＴＡにかかわり続けています。

ＰＴＡ会長になると、さらに視野が広がり、教育やＰＴＡに関する情報も、いっそう得ることができましたが、子どもが小学校高学年にもなると多感になることもあるので、息子に尋ねたことがあります。

「母がＰＴＡ会長をやってるってどう思う？」

そのときに返ってきた言葉は、

「誇りに思うよ。」

この一言にどれほど励まされたことか…。PTA活動ができるのは、家族の理解と応援があってこそだと思うので、理解ある家族に感謝しています。

PTAを発端として、地域のボランティア団体からも声をかけられるようになり、今では民生委員や赤十字奉仕団など、様々なボランティアにかかわり活動しています。そのなかで、人と人とのかかわりの大切さや、人間生涯勉強なのだということを学べているのも、PTAから広がっていったご縁のおかげだと思っています。

千葉県PTA連絡協議会・副会長になると、活動範囲もさらに広がり、膨大な情報が入るようになり、学ぶ楽しさも増える分、責務を果たせているのかと悩んだり、忙しさを理由に家庭を疎かにしてはいないかと考えたりすることもありました。そのようなときに、同じ県P女性副会長からもらった言葉がとても印象深く…

「PTAをやっていて良かったことは、子育てに迷いはなかったってことだね。これだけは言える。」

まさにそのとおりで、子育てに関して悩むことは多々あれども、PTAで得ることのできた情報、学び、信頼できる仲間との出会いがあったおかげで、子育てに迷いなく進んで来られたのは、間違いないと感じています。

何の知識もなく始めたPTAですが、今ではPTAがもたらしてくれた「充実した子育て」にとても感謝しています。これからも、親としても人としても磨きをかけて、子どもに背中を見せていきたいと思っています。

1-5
生き方を伝える

＊家族構成＊

●父　●母　●長男
●次男　●三男

—石川県—40代—女性
高木　美佐子

わが家には3人の息子がいます。長男は真面目で曲がったことが嫌い。次男は大胆なことをするけれど、今一つ自分に自信がもてずナイーブ。三男は、怖いもの知らずの陽気な性格、と三人三様です。私は3人の息子にずっと「勉強ができなくてもいいから、人の気持ちがわかる優しい子になってね」とだけ言って育ててきました。それは、親としての思いを何でも押し付けるのではなく、どんな人になりたいか、どんな生き方をしたいかを子どもたちそれぞれが成長して行くなかで、自分で考えて見つけていってほしいと思っていたからです。

では、親の私ができることは何だろうと考えたときに、よく親の背中を見て子どもは育つという言葉もありますが、何も飾らない等身大の私の姿を見せていく自然体の子育てが、何より息子たちにとって刺激になるのではないかと思いました。

振り返ってみると、私が子どもたちに一番見せた姿は、やはりPTA活動をしている姿だったと思います。長男が小学校4年生のときに縁があって始めたPTA活動でしたが、楽しいこと、嬉しいことはもちろん、泣いたこと、悩んだこともたくさんありました。このような自分の姿を息子たちには何一つ隠さず、見せてきたような気がします。

私の姿を見てか、いつしか長男も次男も地域のボランティア活動に積極的に参加するようになりました。長男は、大学に入ってすぐ、地域の消防分団に入団しました。私は、「なんで消防分団に入ったの？　大変じゃない？」と聞きました。長男は、「小さいころからお世話になった人に誘われたら断れないよ。今まで地域の人に育ててきてもらったのだから、今度は俺が恩返しをする番や！」と力強く答えました。そのとき、私は長男に、凛々しさ、頼もしさを感じました。体育の教員になりたいとの希望をもちながら勉学に励み、部活動も手を抜かず、休日には地域の消防団の任務に励む長男の姿を見ていて親としてとても嬉しい限りです。また、ある日次男が「お母さんを見ていたらボランティアって楽しそうって思えてきて、自分も参加してみたくなった。ボランティア活動って大変なことも多いけど、人からありがとうって言われることが嬉しくて、やって良かったたって思えるよ」と言ってくれました。その一言にとても感動して、どんなときも前向きに頑張ってきて良かったと思えましたし、それが今でも私の励みになっています。

私の背中を見ながら育ってくれた息子たち。兄２人を見て、三男も何かを感じ取ってくれているようで、兄たちを目標にしています。

どんな人になりたいか、どんな生き方をしたいかは、人それぞれですが、わが家の息子たちは、親の背中を見て育ち、たくさんの人たちとかかわり合い、いろいろな刺激を受け、様々な経験を経て、自分の進むべき道を自分で選択してくれています。

これからも思いやりの心、優しい気持ち、強い信念を忘れず、精一杯努力して、自分の選んだ道を信じて進んでいってほしいと思っています。

1-6

助け合える仲間は身近に

―大阪府―40代―女性
芳松　裕子

＊家族構成＊

●父
●母
●長男

今年、一人息子が成人式を迎えました。子育てを振り返るとき、PTA活動をとおして多くの行事に一緒に参加したことを思い出します。夏祭り、運動会、校庭キャンプ等楽しい思い出が一杯です。

私が、PTAに深くかかわるようになったのは、息子が小学校1年生のとき、学年委員を引き受けたのがきっかけです。初めての学年集会で委員がなかなか決まらず、みんな困っていると私の隣にいた友だちが突然「一緒にやろう。」と声をかけてきました。急な話でとまどいましたが、2人で立候補しました。その後、書記、副会長と小学校、中学校のほとんどをPTAに携わることになったのです。息子が小学校在学中には創立90周年行事があり、学校に毎日のように通っていた時期もありました。遅くまで学校で作業をすることも多く、息子を待たせていました。ある日、息子に「早く帰ろう。」と言われたとき、「まだ帰れない！」と怒ってしまいました。その後、息子の身体に湿疹ができてしまい、病院で受診する先生から「ストレスからの発疹では？」と言われ、あのとき我慢させてしまったのが原因ではと悩んだこともありました。しかし、嬉しいこともたくさんありました。息子と一緒に行事に参加していたことで、役員をしている保護者の方や地域の方に声をかけていただくことも多くあったことです。例えば地域の運動会では、運営に携わっていたため、息子のことだけを見ているわけにはいきませんでしたが、代わりにチームの方々が息子の世話をしてくださいました。息子は、両親の他に大事に思ってくれる多くの方々に囲まれて育ちました。子ども自身も周りの人の温かさを感じてくれていると思います。そして、私自身もＰＴＡ活動を通して、たくさんの子どもたちの成長を見ることができました。実の子どもは一人ですが、息子や娘がたくさんいるように思えることを有難く思っています。

小学校には、６年生のときに書いた自分宛の手紙を成人式の日に受け取りに来る「作文取り出し式」という行事があります。その行事を準備するのは、当時のＰＴＡ役員です。私たちも子どもたち同様に同窓会のように楽しく準備をし、当日をむかえました。当時の役員、先生方も息子の成長を喜んでくださり、また私もみんなの立派に成長した姿を嬉しく思いました。「僕のこと憶えてる?」「こんなこともしてくれてたんや。」と話しかけてくれました。子どもたちは、ちゃんと私たちの事を憶えてくれていたのです。ＰＴＡ活動の成果は、なかなか目に見える形にはならないことが多いです。しかし、子どもたちの記憶のなかに残っていてくれたことが一番の成果だと思いました。

現在、子育て真最中の皆さんは忙しくされてると思いますが、助け合える仲間は身近にいます。忙しいなかでも大人が楽しく生きることが、子どもにとって安心感を与えるのではないでしょうか。

今、私は縁あってＰＴＡ事務局のお仕事をさせていただいています。私の経験が、ＰＴＡ活動をされてる皆さんのお役に少しでも立てればと思っています。

1-7 家の宗教を通じて

―奈良県―50代―男性
北野 宥範

＊家族構成＊

●父（僧侶）　●母
●長女（高校生）　●長男（中学生）
●次女（小学生）

わが家は、寺ですので、日々の生活がすべてかかわりと言ってもいいかも知れません。朝、学校に行くときは本堂の前で「いってきます、今日も一日よろしくお願いします」で登校です。

成績表やテストも、まずは本堂に持っていき見てもらいます。毎月のお祭りの日は一緒にお経を唱えお話を聴きます。全て、日常のかかわりと宗教のかかわりが一つになっています。

もちろん、強制ではなく親の姿を見て自然に子どもたちも『あたりまえ』のこととして行っています。

「いただきます」や「ごちそうさま」等いろいろな感謝の言葉も、その意味を話し自分たちで納得のいく言葉として用いるようにしています。

わが家にとって宗教と日常は別のものではなく、日々の暮らしがそのまま宗教でもあり、特異なこととしてではなく、自然の流れで宗教とかかわっています。逆に言うと自然だからこそ身に付くだろうし、宗教に違和感なくかかわっているのだろうと思います。

わが家は寺ですが、そうでない家庭でも親がする姿が子どもたちの学びになるので、祖父母やその又祖父母に対する思いや行動が自然と宗教とのつながりになり、いろいろな形で精神的な柱になるのではないかと思っています。

1-8 日々のなかから教える わが家の工夫

―岡山県―50代―男性

＊家族構成＊
●祖父　●祖母
●父　●母
●長女　●長男　●次男

私たちには3人の子どもがいます。3人ともすでに社会人となりましたが、子育ての時期に「社会常識（マナー・礼儀）」を身に付けさせるために心掛けたことや、その経験から感じていることについて、少し紹介させていただきます。

マナーや礼儀と言っても、全てを教えることはできません。できるのは、私たち親子が普段生活している日常生活の範囲のなかで教えることになります。教え方と言っても特別な方法はありません。子どもが小さいうちから親と一緒に多くのことを経験させてやると共に、手本を見せてやるということだと思います。手本を見せると言っても、「挨拶はこのようにやるんだよ」と言葉で言ってきかせる方法もありますが、まずは親子が一緒にいる場面で親が実践しました。例えば、年始の挨拶です。妻の実家に親子そろって年始の挨拶に行きますが、年始の挨拶は普段とは違って、少し形式ばった挨拶で、親は正座して挨拶をします。子どもたちはそれを観て真似ます。毎年年始の挨拶に行くのですが、何年かすると子どもたちから先に正座して挨拶をするようになりました。

別の例ですが、子どもたちと一緒にスーパーやコンビニエンスストアで買い物をします。レジで会計をするとき、私はいつもレジの店員さんに「お願いします」と言って買い物籠を出しています。お互い気持ちが良いですからね。親の私たちが普段からそのようにするので、子どもたちも自然にそれを実行するようになりました。そうすることが当たり前と感じているのだと思います。

子どもたちは普段何も言いませんが、親の言動を見て、からだで感じています。そして親の言動を当たり前のこととして認識していくのでしょう。良いこともそうでないことも。ですから、勉学やスポーツの指導のように、意識して子どもに物事を教える教育も然る事ながら、普段、日常的に何気なく行っている私たち親の言動は、子どもたちにとても大きな影響を与えているということを常に意識しておかないといけないなと思いました。

もちろん、理想どおりにいくことばかりではありません。子どもたちには「反抗期」や「思春期」など不安定な時期があります。そんな時期は、「おはよう」と言っても「ふん」、「お帰り」と言っても無視をされ、「学校はどうだった」と聞いても「知らん」・「めんどくせー」と言った調子です。当時はそんな寂しい返事しか帰って来ませんでしたが、この言葉掛けは、子どもが将来社会に出たとき、大人になったとき、きっと役に立つと信じて続けました。

成人となった今では、「ごちそうさま」、「行ってきます」、「おやすみなさい」と子どもの方から言葉を掛けてくるようになり、「今までの子育て、小さな失敗は数え切れないけれど、大きな間違いはなかったようだね」と、妻とお茶をしながら、これまでの子育てを振り返る今日このごろです。

1-9 子どもに見せる背中

―香川県―50代―男性

＊家族構成＊
●祖父（自営業）●祖母（自営業）
●父（自営業）●母（自営業）
●長男（専門学校生）●長女（中学生）

　私がＰＴＡ役員になったのは現在19歳の息子が小学校３年生のときでしたので、10年以上前のことになります。当時私は会社勤務で営業職だったので時間の融通をし、上司同僚の理解を得て精力的にＰＴＡ活動に参加しました。

　今から思うと、なぜそこまで一生懸命になれたのか？　曜日、時間関係なく学校に足を運べたのか？

　それは母校でもある小学校で懐かしさに浸りながら、先生方や保護者の方たち、そして息子の同級生たちに会えるのが楽しかったのだと思います。

　私がＰＴＡ役員を引受けるにあたり、考えたことがあります。それは、子どもの前では嫌がらずに楽しく役員をしている姿を見せようということです。ＰＴＡはボランティアのようなものだと言う人がいます。決して誰もがやりたがるものではないかもしれませんが、それに携わることで普通ならできない経験をたくさんさせてもらいました。卒業式や入学式で壇上から挨拶するのはとても緊張しますが、そこからの景色は誰でも見られるものではありませんでしたし、ある研修会でオリンピックの金メダリストに会うことができたのもいい思い出です。

どうせやるなら楽しく前向きに。子どもにもそういうふうに考えて行動した方が絶対自分のためになるよと話しています。言うのは簡単ですが。

昨年の夏、吹奏楽部に所属している中学2年の娘から相談を受けました。3年生が引退して新しい部長候補に自分の名があがっていると。もし自分が指名されたら受けるべきか否かと。でも本人の口ぶりからはそんなに迷いは無く、むしろ背中を押してほしいんだと感じました。娘は私の言動を彼女なりに理解し、ここは自分が前に出るべきだと判断したようです。

娘が私の考えに同調してくれたと思い、嬉しかったです。

部長になってからは人間関係のことや、自分の考えをどのように相手に伝えたらいいか等相談してきます。まさしく私がＰＴＡ活動で苦労してきたことですので気持ちはよくわかります。

そんな経験を、言い方を変えれば苦労を大人になってからした私より、中学生で経験した娘の方が素晴らしい大人になれるでしょう。

今後どんな相談が飛び出してくるか？　ドキドキしながら楽しみにしたいと思います。

1-10 わが子ながら感心したこと

―福岡県―40代―女性

＊家族構成＊
●父（会社員）　●母（会社員）
●長男（中学生）　●次男（中学生）
●長女（中学生）

これは私の娘が小学校に入学して間もないころのお話です。

新しくできるお友だち。

初めての授業。

初めて習うひらがな。

いろいろな初めてのことに毎日が不安いっぱいのようでしたが、楽しみもそれ以上のようで…。今では考えられませんが、そのころの娘は、習いたての文字を一人黙々と休み時間に練習していたそうです。一つ一つのことが楽しくて仕様がなかったのでしょう。

そんな矢先、違う保育園から入学して来た、まだ気心の知れていないお友だちから、

「〇〇ちゃんの字より私の字の方が上手やん。」

と、話しかけられたそうです。

もしあなたが、お友だちからこのように言葉を掛けられたら、どのような対応をしますか？

「なんでそんなこと言うと？」

と言って、相手に言い返しますか？　それとも、泣いて先生やお友だちに助けを求めますか？　小学1年生のころの私なら、どちらかの対応をして他の人を巻き込んでいたかも知れません。

しかし、娘は、そのお友だちに一言だけこ

う言ったのです。

「だけんなん？（だからなに？の九州弁）」

娘にそう言われたお友だちはその場からいなくなり、忘れたころに、

「さっきはごめんね。」

と言ってきたそうです。感情の起伏で泣いたり怒ったりするのではなく、また、誰かを巻き込んだりせずに自分の言葉できちんと相手に伝えて解決する。娘の口から出てきた言葉は
「昨日より上手になればいい。誰かと比べているわけじゃない。だからなに？」

と思っているから出てきたのだと思います。小学1年生の娘の解決方法に、本当に感心しました。

そしてもう一つ感心していること。それはお友だちと待ち合わせをして登校しないということです。そんな娘を親ながら心配に思い、

「お友だちと待ち合わせして学校に行ったら…。」

と言葉を掛けました。

しかし、娘から返ってきた言葉はこうでした。

「行きよるときに誰かと会ったら、一緒に行けばいいやん。会わんかったら、一人で行けばいいやん。」

今は誰かと一緒じゃなければ不安になるというような時代です。たくさんのお友だちと仲良くしつつ、それでいて自分というものをしっかりともっていることに親として誇らしく思います。

そんな娘も今年の春で中学2年生です。『これまでにお友だちと揉めたり、喧嘩したりして悩んだことは一度もない』という娘に心から救われています。

これからもたくさんのお友だちと仲良くし、いろいろな意味で強い心をもち続けてほしいと願っています。

1-11
目標をもち親の姿を見せる

― 大分県 ― 40代 ― 男性

＊家族構成＊

- 祖父（農業）
- 祖母（農業）
- 父（自営業）
- 母（自営業）
- 長女（大学生）
- 長男（高校生）
- 次男（中学生）

わが家では、日々の仕事や学業だけでなく、生活や遊びについても目標をもって集中しながら楽しむようにいつも心掛けています。

例えば、家のお手伝い。以前は、「お風呂掃除をお願い！」、「洗濯物を片付けて！」と、当たり前のように頼んでおり、頼まれた方もイヤイヤながら手伝っている状況でした。

よくよく考えてみれば、みんなそれぞれに仕事と学業に専念している状況で、時間を持て余している人はだれもいません。ではどうすれば？

何事も達成感と何らかの対価が得られれば、多少の面倒事もネガティブに終わることは無いので、まずは一つ一つの作業に目標を設定するようにしました。お手伝いをするにしても目標を設定します。例えば掃除。部屋が綺麗になるのは当然ですが、まずは綺麗な部屋を家族がどれだけ喜んでくれるのかを目標にします。綺麗が当たり前になってしまえば、だんだんと家族の喜びも薄くなります。そうなると次は自分自身でどれだけ満足のいく掃除ができたのかが目標になります。他人の評価ではなく、自分のなかの達成感がどれだけ得られるか。自分自身に甘くなるのか、それともどれだけ厳しくなれるかが、次の目標になります。

そんなお手伝いの状況（結果）に合わせて、わが家ではポイントを付けるようにしています。わが家はお小遣いを渡してないので、ポイントを貯めることで自分たちの欲しいものを手に入れています。最初のころは、ポイントを貯めることを目標に頑張っていましたが、だんだんとポイントを貯めることより、自分自身で満足のいく作業ができたかを重視するようになってきました。

また、お手伝いをすれば、自分の時間が削られていきます。自分の時間を確保しながら、いかに効率よくすればいいかを考え始めると、どうすれば効率よく作業ができるかを考えるようになります。日々の生活のなかのいろいろなことに対して考えるクセを身に付けることにより、考える姿勢と集中力が増していくようになります。

子どもたちに言葉でいろいろなことを教えても、なかなか身に付くものではありません。わが家では、まずは親が実践して見せ、その後ろ姿で教えることを重視しています。目標を決め、集中しながら楽しんで物事に取り組む姿勢を親が見せてあげることにより、言葉以上のことを伝えることができるようになりました。

まずは親が実践し、その姿を子どもたちに見せることがとても重要です。これからも、親が手本になれるように後ろ姿を見せ続けることを、わが家では大切にしていきたいと思います。

1-12
子どもは、みんなわが子のように…

—福岡県—40代—女性

＊家族構成＊
●父（会社経営）
●母（家庭教師）
●長男（大学生）
●長女（高校生）
●次男（中学生）

私自身、子育てを通して、親として、一人の人として、色々なことを学ばせていただいています。親になって19年目、まだまだ、これからもたくさんのことを経験し、学んでいくと思います。

そのなかで、私にとって一番大きかった出来事をご紹介します。私は、結婚当初、主人の両親と祖母と姉と同居していました。また両親が会社を経営していましたので、仕事も手伝っていました。24時間、主人の家族と一緒に生活していくなか、私は、知らず知らず無理をしていたのか、自分らしくなくなり、少しずつ夫婦間もぎくしゃくしてきて、だんだんと私の心が病んできました。しかし、7歳、5歳、3歳と3人の子の母として、太陽でなければならないといつも自分に言い聞かせ、子どもの前では明るく元気に振る舞い、慌ただしい毎日を過ごしていました。

そういうある日のこと、保育所から連絡がありました。次男がお昼ご飯を吐いたという知らせでした。それから間もなく、次男は吃音が出たり口ごもるようになり、いく日かで、ほとんど言葉がでなくなりました。そのときに、すぐ気付きました。この子は3人の子どものなかでも一番敏感に私の気持ちをわかる子なんだと、私が無理していたらこの子が危ないと。それからすぐ仕事を休ませてもらい、子どものことだけを考えて、私自身も少しゆっくり時間を過ごし、子どもたちのそばにいつもいるようにしました。しかし、次男は保育所では、みんなの前で吐いて以来、元気がなくなり、お昼ご飯をあまり食べなくなりました。いろいろ悩み考えた結果、私も仕事を休んでいましたので、環境を変えた方がいいかもと思い、幼稚園に転入させることにしました。いろいろと考えて早く動いたのがよかったのか、次男はみるみる元気になり、言葉も前のように発せるようになり、回復しました。ただ、専門医によると一度傷ついた心はすぐには、もどらないということで、5年ぐらいはかかるでしょうと言われました。

　とてもショックでした。親として、心が痛く反省の日々でしたが、親になること、それは、自分という存在が、自分だけのものでなく、子どものものでもあると知りました。子どもを授かって初めて親になります。親だから、とか、私の子どもだからと親の好きなようにしていいわけではありません。親はえらくもなんともないんです。ただ、親になった以上、その子を一人前の社会人に育てる役目があると思います。責任があります。口だけでなく、子どもにしっかり行動で、見本を見せてあげないといけないと思いました。

　家庭教育とは、私流ではありますが、子どもへの大切な大切な贈りものだと思っています。

　私自身、小さいときから子どもが大好きで、なりたいものは、一番は母親でした。いざ、母親になってみると、本当にいろいろなことがありすぎて、日々反省。しかし、日々成長でき、学ばせてもらっていることを子どもにいつも感謝しています。

　私は、いつも、なにか子どもたちの役に立ちたいという想いももっていました。その想いが叶ったのは、ＰＴＡ活動を通じて出会った方々とご縁をいただいたおかげでした。今は、ボランティアで、不登校の子どもたちの学校で勉強を教えたり、「放課後まなび塾」

でそろばんや百人一首を教えたり、集団で学ぶのが苦手な子などの家庭教師をしたり、子どもたちといるときが、私の幸せな時間です。たくさんの子どもたちと出逢えることに感謝しています。いろいろな環境の子どもたちがいますが、私には、みんなわが子です。ご飯を作り、勉強を教え、愛情をそそぎ、大好きな子どもたちに、たくさんの贈りものをしています。贈りものは、その子のことを真剣に考え、心から想う大人ならば、親でなくても、その子に想いは必ず届くと信じています。これからも、一人でも多くの子どもたちと出会い、たくさん贈りものをしていくことが私の人生です。

もちろん、わが子をしっかり一人前の社会人に育てることが、何より一番の私の使命です。家庭教育とは、難しいものでもなんでもないのです。すべては、愛です。愛があれば、子どものためにすること全てが、家庭教育だと思います。無限の愛を贈り続けます。

第2章

家族のなかで…、社会のなかで…

かわいがられ、抱きしめられた子どもは、
世界中の愛情を感じ取ることを覚える。
（ドロシー・ロー・ノルト）

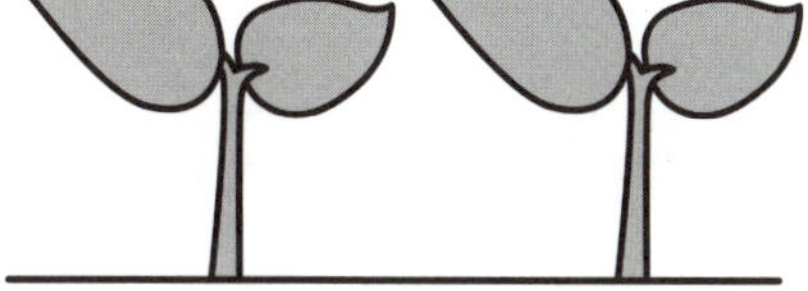

2-1 「あいさつ」から始まる行動へ

一秋田県一40代一男性
吉村　昌之

＊家族構成＊
●父　●母
●長男（高校生）　●長女（小学生）

私には高校2年と小学校4年の子どもがいます。

「もう6時だぞ！　起きろ！　ご飯ができたぞ！」

これがわが家の朝の始まりです。

「おはよう」と眠そうな目をこすりながら半分寝ているようにご飯を食べます。

「頂きます」、「ご馳走様」、「美味しかった」

「行ってきます」、「車に気を付けて行けよ」、やっと子どもたちを送り出します。

夕方には「ただいま」、「お帰り」、「ご飯だよ」、「頂きます」、「ご馳走様」

お風呂を出れば「お休み」、一日が終わります。

子どもを育てるということはどういうことなのでしょうか。しつけるとはどういうことなのでしょうか。

親のしつけは、学校の生徒指導とは異なっていると思います。

生徒指導となると「児童生徒一人一人の個性を尊重し、またその個性を伸ばしながら社会に適応した能力・行動力を高める。」と何だか型苦しい感じしますが、わが家ではあいさつが全てです。

当たり前のあいさつを当たり前に行います。家でできないものが外でできるはずがありません。社会人として当たり前とよく言われますが、社会人でなくても当たり前にできなくてはいけないことなのです。

それは全てがあいさつから始まるからです。人との会話、社会での行動、全てにおいて始まりはあいさつなのです。

学校での「あいさつ運動」は大事なことではありますが、これは家庭でもしっかりするべきことなのかもしれません。

ただあいさつをすることは勇気がいることでもあります。特に知らない人に対してあいさつをすることは子どもたちにとっても、大人にとっても勇気が必要です。しかしそれを乗り越えることで社会的な資質・行動力を身につける一歩となるに違いありません。

願わくは、わが家の子どもたちがしっかりあいさつができ、また、自分自身が勇気をもってあいさつができることです。そのためには、自分自身のしつけの見直しも大事なのかもしれません。

2-2 子どもの服装―わが家の工夫

宮城県｜40代｜女性

＊家族構成＊

- **父**
- **母**
- **長女**（中学生）
- **次女**（小学生）
- **三女**（小学生）

３人の娘たちを育てるうえで、わが家では服装も重要視しています。

私自身、洋服が好きということもありますが、人と接するなかでの服装選びは、とても重要なものだと感じているからです。

服装を見ればその人がわかる。子どもにおいては「親の服装が子どもを語る」となります。

子どもがどんなに立派な格好をしていても、親がだらしない格好をしていれば、子どもは「そういう親の子」として見られてしまいます。

あのお母さんの子だから仕様がないと冷たい視線を受ける子どもは「人を冷たい」と感じ、大人に温かい眼差しを向けられる子どもは「人は優しい」と思うようになるのではないでしょうか。

たった一日のことならどうということもないかもしれませんが、それが日常なら、子どもの心に影響を及ぼす可能性があると思うのです。

服によって相手に与える印象が大きく変わるのではと思います。そのため、私自身も日常において、ＴＰＯや相手との関係を意識した服選びを心掛けています。娘たちのお手本となり、示すことで、娘たちには人と接するうえでの礼儀やマナーのひとつだということも、身をもって感じてほしいと思っています。ですが、娘たちを見ていて、服選びをするということは、楽しみのひとつでもあり、心のバロメーターにもなっているように思っています。気分が乗っているときの服装と、そうでないときの服装は、母の目から見てもわかるほどに違いがあります。その日の外出先や、一緒に出掛ける相手、行く先などでも服選びが違っています。きちんと娘なりの服選びができていると、母としては嬉しく思います。幼いころから示してきたことが、着実に娘たちの服選びに反映されているのだと思うと、嬉しくなります。ですから、常に娘たちの心のバロメーターがプラスに振れていられるように、心掛けています。

作家、村上龍氏の作品の中で

「清潔にするという行為が、集中力を生んだり自己嫌悪をなくしたりする」

というセリフを目にしたことがあります。清潔という言葉は服装を考えるうえでも、大事なキーワードだと思います。常に身に付けるものも清潔にすることで、子どもの精神状態も保たれるのであれば、母として気を配るのは当然だと思っています。

わが家では、親である私も日常から服装に気を配り、娘たちと一緒に服選びを楽しんでいます。

「自己表現、自己主張」という観点からだけではなくて、相手の気持ちを考える「共感」という観点からも服装を捉えています。

たかが服装、されど服装。親子で楽しみながら、服装から礼儀やマナーをも教えていき、素敵なレディに育てていきたいです。

2-3

POPから育む思いやりの心

—宮城県—40代—女性

＊家族構成＊

- 父（自営業）
- 母（自営業）
- 長女（小学生）
- 長男（小学生）

わが家は、仙台市若林区の住宅街にあり、すぐ側には小学校もある場所でフランチャイズでコンビニエンスストアを経営しています。

この地で、夫の両親が約40年前に始めた米酒店がベースとなっており、地域に根差した店と言えます。親・子・孫と三代にわたってご利用

両親が始めた米酒店

してくださっているお客様も少なくありません。

コンビニというと、全国どこでも同じ商品を手にすることができる画一化した店を想像する方も多いと思いますが、実はそうではありません。どんな場所にあるかによっ

て、来店される客層も、客数の多い時間帯も異なりますので、経営者は地域の特性を理解し、そのニーズに合わせようと考えています。ですから、同じチェーン店であっても、個々の店によって品ぞろえも様々です。同じ店でも日々一定とは限りません。平日と土日祝日では、ガラッと雰囲気が変わることも多く、毎日毎日、曜日や天候、近隣で開催されるイベントなど、いろいろなデータを考慮しながら、翌日の品を発注していきます。

当店においても例外ではなく、毎日、明日いらっしゃるお客様の顔を思い描きながら品ぞろえを考えています。

そして、品ぞろえを考えるだけでなく、お客様に特におすすめしたい商品には手書きPOP（ポップ）を添えて陳列しています。POPとは本来、販売促進を目的とした広告媒体ですが、当店ではそれをコミュニケーションツールの一つと考えています。商品名や値段だけではなく、どのような点が良いのか？を中心に書きます。手書きにする意味は、人間らしさや温かみを感じてもらい、画一的ではない我々の思いを感じてもらいたいからです。

相手のことを思い寄り添うということは、思いやりの心を育むのにも役立つのではないかと考え、時々、子どもにもPOPを書いてもらっています。子どもが書いた純粋で可愛らしいものは、お客様も好意的に反応してくださることが多く、そういった反応があったことを子どもに伝えると、とても喜んでいます。直接、売り場で接客をしなくてもコミュニケーションがとれるということには、我々も驚かされているところです。

情報化が進み、SNSなどの発達により対面せずと

子どもが書いたアイスのPOPの例

もやりとりができてしまう時代のなかで育つ子どもたちにとって、学校以外で自分の思いを表現し、リアルにその反応を感じ取れる場というのはとても貴重なのではないかと考えます。こういった機会を通して、相手の気持ちを考え思いやる心を養っていってほしいです。

子どもが書いたPOPの例

2-4 わが家のルール「テレビ・おもちゃ・ゲーム」

―千葉県―40代―男性
中橋　憲泰

＊家族構成＊
●父（会社員）　●母（専業主婦）
●長男（小学生）　●次男（小学生）
●三男（2歳）

わが家でのテレビ・おもちゃ・ゲームのルールですが、一日を通した流れでお伝え致します。まずはテレビのルールから一日が始まります。

テレビのルール（其の一）息子たちは朝6時に起床し、テレビを点けて天気予報を確認します。そして学校に着ていく洋服の準備をします。子どもの着替えなので、私たちから今日はその服装じゃ暑いよ、寒いよと再度、子どもたちのコーディネートをします。着替え後は、ランドセルを確認し授業で使用する教材等などをバタバタと準備しています。準備が終わると朝食はテレビからの音声を聞きながら食事を進めます。食事中に聞こえた音声で気になるニュースなどがある場合は、当然画面を見ながら、なるほどね・そうだったんだね・気を付けないとねとコメントをしています。テレビを見ていてわらないことがあれば、私に質問もしてきます。食事を終え7時には元気よく行ってきますとの声が聞こえ、行ってらっしゃいと挨拶を返します。無事に小学生の子どもたちを見送り一息ついてからが勝負です。

テレビのルール（其の二）8時過ぎに2歳児が起きて来てテレビを見始めます。当然！ニュース番組など見る訳がありません。2歳児なのでアニメに興奮するとテレビを叩く、テレビ画面に近づき見るなどをします。母親は2歳児にこう教えています。テレビを叩いたり画面に近づくと、アニメの主人公がビックリして隠れちゃうよ！　続きが始まらないよ！　と教えたところ、離れてテレビを見るようになりました。2歳児のテレビのルールは午前中2時間と、小学生の子どもたちが帰宅するまでの午後1時間程度になります。食事後はおもちゃで遊び始めます。

おもちゃ・ゲームのルール（其の一）おもちゃ箱からお気に入りのおもちゃをリビングに持って来て遊びます。一つ遊んではまた違うおもちゃの繰り返しを行い、やがて満足しお昼寝をはじめます。母親は寝返りにて怪我をしない程度に、おもちゃを避けてそのままにしておきます。2歳児が起きたときにおもちゃが無いと探し泣くのです。現在はおもちゃで遊んでいる際に眠たそうに見られたら、「さぁ！　お昼寝する前におもちゃも、おもちゃ箱でお昼寝するから戻しましょう」と教えています。母親が育児と家事に追われていると、ただいまと小学生たちが帰宅してきます。学校の出来事を簡単に話し、手を洗い、おもちゃ箱からゲームを取り出し準備します。

おもちゃ・ゲームのルール（其の二）小学生たちのおもちゃ・ゲームのルールは学校から帰宅してから、宿題を行い、習い事がある日であれば、準備を整えて終えた後なら習い事に行く前までの間は、自由に行わせております。その後、小学生たちは16時半から18時まで習い事に行きます。2歳児は見よう見まねでゲームを行いますが難しくママやって！やってと母親の夕食準備を遅らせています。夕食の支度も整ったころには小学生たちは習い事を終え、帰宅してきた小学生たちはお風呂に入ります。お腹を空かせた子どもたちと夕食開始です。

テレビのルール（其の三）夕食時のテレビのルールは子どもたちに決定させます。ジャンルは特に問いませんが食を止めたり、口に食べ物が入っているときに会話をした場合はテレビを消します。食事中はテレビの内容や学校の出来事等の会話をしながらコミュケーションを図っております。食事後の1時間はテレビ・おもちゃ・ゲームで遊ぶもよしとし、20時50分までは自由時間としております。21時を目標におもちゃ・ゲームの片付を行い就寝致します。わが家のルールは他の家族に比べ甘いと感じるかと思いますが、メリハリを付け、目標を定めて行うルールとなっています。

2-5 幸せな人生を歩んでほしい

一群馬県一40代一男性

＊家族構成＊
●父（自営業）　●母（自営業）
●長女（高校生）　●次女（中学生）

予定日はとうに過ぎていて、少し汗ばむような夏の日の夜、薄暗く静まり返った病院の廊下でわが子の産声を聞きました。それは長女のときも次女のときも同じような感じでした。

ほんのり温かく、少し震えるような鼓動で一生懸命に呼吸をしているわが子をこの腕に抱いたとき、とても小さくて軽かったのを覚えています。しかし、その温もりは父親としての責任の重さを感じさせるのに十分なものでした。

「長生きをして、幸せな人生を歩んでほしい。」と思いました。親として何ができるかわからない。できることなど限られているかもしれない。人生１００年時代と言われるなかでも、この子の行く末を見届けることなんて叶わないだろうけど、誰からも好かれるような良い子になって、健康で長生きをして幸せな人生を歩んでほしいと、ただそれだけを願いました。わが子のために親として心がけていることの原点は、この願いにあります。

まずは健康第一。丈夫な体になってほしいと保育園に入ってすぐに水泳教室に通わせました。女の子で運動もそれほど得意な方ではなかったですが、社会人になったら運動する機会もないからと、部活は運動部にしなさいと言い聞かせました。きれいな字を書く人はそれだけで尊敬されるし、筆まめになって手紙のやりとりを大事にしてくれる人になってほしいと習字も習わせました。ピアノも弾けた方が音楽をより楽しめるし、コミュニケーションの幅が広がるだろうと思い習わせました。

日常生活では生活態度や言葉使いなどでは厳しく叱ることもありますが、学校のテストや部活での本人が取り組んで出した結果に対しては、決して叱ったり駄目出ししたりしません、褒めます。どんな結果でも良かったところを探します。努力すれば報われる、自らが勝ち取った成果を実感させる、そんな成功体験を一つ一つ積み重ねていってもらいたいのです。

結果が大事だよと言い聞かせますが、結果が全てではないし、そこで終わりじゃないよとも教えます。どんな結果でもそれをちゃんと受け入れて今度は何をどう取り組んでいこうか考えさせて、次はもっと頑張ろうねと励まします。それの繰り返しです、そうすることで、常に何事にも前向きに取り組むことができる子になってほしいのです、報われないことがたまにあっても、それで人生が終わる訳ではない、それでも人生は続く、また一から始めようと考えられるタフさをもってほしいのです。

仕事に追われ、父親として子どもたちと向き合う時間はそんなに多くはありません。帰宅したときには就寝していることもありますが、たまに寝顔を見ながら、そう思っています。

それと、わが子のためにというだけではありませんが、家庭の雰囲気を大事にしようと心がけています。夫婦は仲良くし、子どもの前では夫婦喧嘩なんて絶対にしてはいけません。学校などで様々なストレスを感じて帰ってくる子どもたちにとって、夫婦仲が良くなく雰囲気が悪ければさらにストレスを感じて、家が居心地の良い場所ではなくなってしまいます。家ではリラックスして安心して過ごしてほしいので、それだけは気をつけています。

2-6 わが家のしつけ「片付け・手伝い・勉強・あそび」

―名古屋市―40代―男性
下方 文司

＊家族構成＊
●父 ●母
●長女（中学生） ●次女（小学生）

わが家には小学5年生と中学2年生の女の子がいます。その子どもたちのしつけが決して行き届いている訳ではないため、「わが家のしつけ」について述べることははばかられますが、一つ工夫していることがあります。これが「しつけ」といえるのか自信はありませんが、以下に述べます。

そのわが家の「しつけ」の工夫とは、子どもたちの生活のなかでの優先順位を約束するための「片付け・手伝い・勉強・あそび」という合い言葉です。

保育園に通っているころは「片付け・手伝い・あそび」が合い言葉でした。保育園から帰ると、まず、給食のエプロンを洗濯物に入れる、水筒をシンクに置くなどの「片付け」をし、次に、洗濯物の取り込みなどの「お手伝い」をする。そして、それらが済んだら自分の好きな「あそび」をしてもいいという約束をしていました。

小学校に入ると「勉強」を追加することになりますが、問題はそれをどこに入れるかです。

小学校に入学後、長女は学童保育から帰ってくると、やり残した宿題を始めます。私たち親が夕食の準備を「ちょっと手伝って」と頼んでも、「まだ宿題が終わってない！」となかなか「お手伝い」をしてくれません。そのような態度に、確かに勉強は大事だと思いつつも、〝勉強が最優先なのだろうか〟、〝勉強さえしていればいいのだろうか〟という思いもありました。

そして、やはり家族の一員として、子どもも家のことに協力する、という意識が最も大切だと考え、「勉強」よりも「手伝い」を優先順位の上にすることにしました。

こうしてわが家のお決まりの合い言葉「片付け・手伝い・勉強・あそび」ができました。心理学者のアドラーは「他の人と結びつき、仕事を家の人と協力してなしとげ、社会的感覚から自分を一般的に有用なものにしようとする傾向」(アドラー、1930～2014)を「共同体感覚」と呼び、「教育は共同体感覚の育成である」(岸見、2014)と述べ、「子どもの教育の規則と方法のすべてにおいて、共同体の生活、それへの社会適応の理念を見失ってはいけない」(アドラー)と指摘しています。

また、ある百科事典では「しつけ」とは「社会生活に適応するために望ましい生活習慣を身につけさせること」(ブリタニカ・オンライン・ジャパン、2018)とされています。このように「お手伝い」という「共同体の生活」を優先する生活習慣を身に付けさせることも「しつけ」だと考えれば、わが家の約束の合い言葉も立派な「しつけ」であり、また「教育」といえるのではないでしょうか。

わが家のお決まりの合い言葉によって、子どもたちはよく「お手伝い」をしてくれています。ただ、中学生になっても水筒を出し忘れることはしばしばですが…。

・**引用文献**
アドラー(1930～2014)子どもの教育、アルテ
ブリタニカ国際大百科事典 小項目事典(2018)ブリタニカ・オンライン・ジャパン
岸見一郎(2014)アドラーを読む、アルテ

2-7 「わが家」のルール
～友だちの家に行くときにしていること～

―広島県―40代―女性

ホワイトスター

信じ合う心

長男が3歳になる年に引っ越したのが、島根県浜田市でした。たまたま、同じマンションに同じ歳の男の子がいて、お母さん同士がすぐに仲良くなりました。

初めのころは、「子育て広場」という子育てサークルに出かけていました。他所にお邪魔するきっかけは、ここがデビューだったように思います。着替えやお茶の入った水筒に、わが子とお友だちの分のお菓子など、ほかの方の迷惑にならないようにと、とにかく大荷物でした。

そこには、いろいろな方がいらっしゃって、トラブルが付き物でした。ストレスを感じながらも子どものためにと思い、子育て広場を利用していました。

悪いことばかりでもなく、お友だちの輪が広がり、子どもが初めて外の世界を知るきっかけにもなりました。

幼稚園に通いだすと、友だちに変化が表れ、子ども自身の友だちができるようになりました。幼稚園では「○○君のお母さん」くらいしか、情報がありません。話したことも、どんな方なのか、顔もイメージできないときもありました。

だけど、子どもというのは当然ながら、遠慮はしません。「かあさん、今日○○君と遊ぶ約束した～。」と言って教室から出てきます。慌てて、「どのお母さん？　本当に行っていいのか、聞いてみないとわからないでしょ」と園庭を探し、○○君のお母さんをキャッチしないといけません。「ごめんね～。今日は予防接種なの」と、不成立がよくあるパターンです。

そこで一工夫。次の約束を交すのです。「明日はどう？　うちでもいいのだけど、一緒に遊ばない？」親が間を取り持たないと、なかなか成立は難しかったころでした。

小学生になると、一変します。遊びに行くにしても、まずは宿題を済ませてから、という新ルールを設けました。

一人で遊びに行くようになったので、どこに、誰と一緒なのかも言わせていました。

低学年のころは「遊びに行くときのルール」を親が決めていましたが、学年が上がるに連れ、自分で考えて行動する機会が増えていきました。

ゲーム機の持ち出し・貸し借り、買い食い、校区外など、当然わが家ではNGですが、子どもの世界では、ジャッジが違います。OKな子もいます。自分はどうするか、その都度、子どもは選択していかなければいけません。改めて考えると、子ども自身で苦渋の選択を重ねてきたのだなと感心します。

そんな息子も、今では高校生です。友だちの家に遊びに行くことは、ほとんどありません。今まで以上に、部活と勉強に時間を費やしています。たまの休みは、カラオケやボーリングに行ったなんて話を聞きます。

小さいころのお友だちの家に行くルールが、今では公共でのマナーとして、身に付いたように思います。

わが家の「友だちの家に遊びに行くときにしていること」は、ルールを決めることでした。子どもの成長に合わせて、変化してきましたが、「相手の迷惑にならないように」と「誰とどこで遊ぶのか」を、知っておくことは今でも変わらないわが家のルールとなっています。

2-8 わが家のルール・わが家の工夫

―香川県―40代―男性
十河 靖典

＊家族構成＊
●父（会社員）●母（公務員）
●長男（大学生）●長女（高校生）
●次男（中学生）

「ルールを破ってくれてありがとう」

朝食作り、後片づけ、お弁当作り、夕食作り、後片付け、洗濯、洗濯物干し、洗濯物取り込み、洗濯物片付け。毎日必ずしなければならない家事はこれくらいでしょうか。妻は洗濯と洗濯物干し、休日などの時間があるときのみ洗濯物たたみをするくらいで、家事のほとんどの時間を占める食事や後片付けは全て私（父）の担当です。

わが家では子ども3人がそれぞれスポーツをしているので、洗濯物は毎日山のようにあります。洗濯機は、購入当時一番大きい10kgにしましたが、それでも朝晩に洗濯機を回さなければ追いつきません。洗濯しなければ服が足りませんから、必ず洗濯はするのですが、洗濯物を片付ける作業については、しなくてもなんとかなるのです。具体的に言うと、取り込んだ洗濯物はリビングに山積みし、必要なものをその山から探し出して使うという、ゴミ屋敷的な状況になるのです。一般的には、洗濯物を片付けてから就寝する家庭がほとんどでしょうが、私も昼夜忙しく、妻は休日ぐらいしか片付けないので仕方ありません。でも何とかしたかったので次のルールをつくりました。

水曜と土日は洗濯物の山を片付けてから夕食

私がいるときは夕食前にみんなで片づけてから夕食にしますが、会議等でいないときもあるので、破ったときの罰則も作りました。

もし破ったら私は次の日、家事を一日休みます

一番困るのは食事です。私以外の誰かが作るか、冷蔵庫をあさって、すぐ食べられるものを探すか、インスタント食品にするしかありません。家族は日ごろ何気なく受けている恩恵を改めて思い知らされ、不平不満を口にしつつルールを破ったことを嘆きながら悲しみに暮れます。

しかし、そのとき私だけは天国なのです（笑）。一日家事を休むだけで自由時間が5時間は増えるのですから、こんなに嬉しいことはありません。趣味の時間にしたり、のんびりしたり、それはそれは楽しい時間です。一日でも家事を休むことができる嬉しさは、家事をやっていない人にはわからないかもしれませんが、旅行に行くような解放感があるのです。だから私はルールを破ってくれることを待ち望んでいるのです（笑）。

わが家でルールをつくるときは、破ったときに誰かが喜ぶ仕組みをみんなで考えます。例えば、

ゲームは21時まで

というようなルールを作るのであれば、

▼守れたとき

一回につき50円分のソフト貯金をする（それを貯めてソフトが買える）。

▼守れなかったとき

過ぎた時間分手伝いをしてもらう。

こうすることで、子どもはソフトが欲しいからがんばってルールを守ろうとします。もしルールを破ったときでも保護者は喜ぶことになるわけです。そして子どもに向かって笑顔で言うのです。「ルールを破ってくれてありがとう」。

2-9

教育は家庭から始まる

―札幌市―50代―女性

＊家族構成＊

●父 ●母 ●長女（成人） ●次女（学生） ●長男（高校生）

私は単位ＰＴＡのクラス委員、副会長や会長、地区の副会長、さらに協議会の副会長や会長など様々な役職を経験させていただきました。最初にＰＴＡにかかわったのは、長女が小学1年生のときです。懇談会での役員決めで誰も立候補者がおらず、担任の先生がとても困っていました。自分の子どもたちには積極的に手を挙げるようにと言う保護者が、いろいろな理由をつけては顔をあげずにうつむいている状況が嫌だったので、思わずクラス代表に立候補してしまいました。初めての小学校でしたのでわからないことだらけでしたが、学校に足を運ぶ機会が増え、学校のことや先生方のこと、そして何より、子どもたちの学校での様子を見ることができました。

特に校長先生や教頭先生、ＰＴＡ担当の先生には、学校のこと、子どものことを積極的に相談させてもらいました。また、ＰＴＡの役員ということもあり、学校からの情報をタイムリーに得ることもできました。もし役員をやっていなければ、学校からのお便りはランドセルの中でぐちゃぐちゃになっていたことでしょう。私がＰＴＡ活動に携わり、学校に顔を出す機会も増えると同時に役員として学校行事等に参加することが、子どもにとってては嬉しかったのかもしれません。こうして必然的に家庭で学校に関する会話が増えてきました。そうすると意外なことに、学校以外の話題についても増えてきました。例えば、これまでは話していなかったようなこと、悩み事とか、不思議に思ったことなど子どもから話してくるようになりました。子どもが低学年だったこともあり、子どもが考えていることがよくわからずイライラしたこともありましたが、家庭での会話が増えたことで、子どもが少しずつ成長していることを実感することができました。

また、日常的にＰＴＡ活動に携わるようになり、子どもへの対応などに悩んだりしたことも最初は多かったのですが、周囲にいろいろなことが話せる仲間ができたことにより、ＰＴＡ活動に携わる前以上に子育てに余裕がもてるようにもなりました。子どもも成長するに従って、私が学校に行くことがなんとなく恥ずかしいようなことを言っていた時期もありましたが、高学年になると挨拶や祝辞のダメ出しをされるようにもなりました。

ＰＴＡ活動を通して振り返って思うことは、やはり親子で学校のことをいろいろと話すようになったこと、それにより他のことについても話しやすくなったということです。「教育は家庭から始まる。」とはある研修会で聞いた言葉ですが、少なからず私が家庭でその言葉を意識した子育てに努めたことにより、わが家の子どもたちにも親としての真心が伝わったのだと思います。

思い返すと、活動中は様々なことがありましたが、今となってはどの活動も楽しく大きな経験をさせていただいたと思っています。そして、ＰＴＡ活動を通して、同じ校区内だけでなく、市内外、全国で多くの仲間に出会い、活動に携わったことで、子どもを見つめ直す姿勢が何よりも確かになり、わが家の家庭教育に生かすことができました。

最後になりますが、こういった機会と環境を与えていただき本当にありがとうございました。

2-10
「もったいない」を考えるわが家の工夫

―福岡県―女性

＊家族構成＊
●父（会社員）●母（保育士）
●長男（成人）●長女（会社員）・
●次男（中学生）●次女（高校生）

はじめに

昨今、技術の進歩による様々なものができ、世の中が便利になってきたことで、物事の考え方が多様化し、物や様々な情報を簡単に入手できるようになりました。子どもたちを取り巻く環境は劇的に変化しました。そして、欲しいものは、お金を出せば手に入るという風潮に変化していると感じています。「もったいない」という言葉が、わが家でどういう位置づけにあり、そのことで子どもたちと接しているかについて、私なりに述べたいと思います。

物の「もったいない」

ひと昔までは、例えば家電製品であれば、故障したら修理して、使い続けることが当たり前でした。しかし、今では、修理する技術費より買い換える方が安くなることも多くなりました。子どもたちからも、買い換えを勧められますが、修理が可能なものであれば、自ら修理して使い続けるようにしています。また、学校で使う教材も空き箱を再利用しています。

もう一つは、子どもたちに何でも買い与えないということです。買い与えた物は大事に扱わないことが多々ありました。それは、子どもたちが衝動的に欲しがる物が大半であり、扱いが雑になる傾向があったからです。本当に欲しいものがあれば、こづかいなどをコツコツ貯め、買わせることで、買えたときの達成感や大変さ、大切にする気持ちを持たせるようにしています。

消費の「もったいない」

世の中では地球温暖化対策や資源の節約が提唱されていますが、一般家庭の節約は、やはり家計だと思います。いつも子どもたちに言っていることは、手洗いや食器を洗うときは水を小まめに止めましょう、お風呂は時間をかけず、シャワーは少な目にしましょう、使わない部屋は小まめに電気を消しましょう、エアコンも適温に設定し寝るときはタイマーをセットしましょう、食事も無駄がないように作って完食しましょうなどです。私たちが、一般的な節約術を実行する姿勢を見せて、子どもたちに浪費はもったいないと理解させるようにしています。

時間の「もったいない」

私たちの若かったころに比べて、行動のスピードが劇的に早くなり、一日の時間を有効に利用できるようになっています。しかし、子どもたちを見ていると、いつも手元にスマートフォンを持ち、一日中触っていることもあります。ネット社会となった現在、避けて通ることはできないと思いますが、少なくともわが家の中では毎日のあいさつをする、家族で食事をする、休日はそろっていれば、買い物やレジャーなど家族で出かけるなど、家庭内のコミュニケーションを大切にしています。それが社会でも生かせればと思います。

さいごに

子どもたちには、自分の目標をもって、計画的に時間を有効に活用して物事を考えられる大人になってもらいたいです。お金をかけなくても物を大切にでき、周りの人を大切にできる人になってほしいと願っています。

2-11 楽しいことはみんなでシェア！

―千葉県―40代―女性

＊家族構成＊

- 母（会社員）
- 長女（大学生）
- 次女（大学生）
- 三女（高校生）
- 長男（中学生）

わが家は子どもが４人。私自身は２人姉妹で育っているので、日々の生活が未知数で目新しいことばかりです。

なかでも、たとえ兄弟姉妹であっても３人以上になるとコミュニティが形作られそこなりのルールと運営が発生していくというのは、とても大きな発見でした。話し合いと多数決が存在し、譲り合い助け合い、ときには忖度が発生しコミュニティが運営されていく様子は「三人寄れば文殊の知恵」という慣用句がぴったりです！　喧嘩ばかりしていた私の子ども時代とは大きな違い…。

ですので、自然と私の立ち位置は、子ども達なりの生活ルールが発生しているときはできるだけ立ち入らないという〝見守り活動〟のようなものになっていきました。

そして、一番上が９歳で末っ子は２歳という、全ての家庭教育がまだまだこれからが本番という時期に私はいわゆるシングルマザーになりました。私も子ども達も様々にハンデを背負う可能性があるなか、これから子ども達にどう成長してほしいかと思いを巡らしながら、わが家全体のルールをひとつ具体的に作りました。それは「娯楽品の共有」です。

娯楽品の共有というのは、本、漫画、ゲーム機、ゲームソフト、音楽ＣＤ、スマートフォンといった娯楽品と考えられるものは全て母の持ち物として購入して、子ども達には〝貸し出す〟という制度になっているという状態です。

誕生日とクリスマスはそれぞれに欲しいものを買う約束にしていますが、そのときであっても娯楽品は購入対象外としているほど徹底しています。

狙いは、小遣いをそれぞれ渡すのは厳しい可能性があるけれど、あまり娯楽に我慢をさせたくなかったのと、みんなで会話するきっかけを継続して作っていきたいというところでした。

小さいころは食卓で、私が主導しそれぞれの希望を聞きながら話し合いましたが、成長に伴い特に促さなくても自然に話し合いが発生するようになりました。

とても欲しくてできるだけ早く手に入れたい場合は誰かを早急に説得する必要がありますし、「私はそれじゃないものが欲しい」という意見が出た場合は、誰の何を優先するか等も含め調整が必要となります。子ども達の間で話し合いがまとまると、私との交渉が始まり、やっと購入に至るといった流れです。

わが家の家計が楽でないのは充分理解してくれているので、いつごろなら購入可能かといったところも気遣ってくれます。

このルールは当初の狙いとともに、年齢に関係なく互いの意志を尊重することや話し合いの大切さを自然に深化させていくことになったのではと感じています。

みんなすっかり成長したこのごろは、私が自分の趣味で購入したものを子ども達に薦めたり、逆に私が薦められたりといつも話題の提供が絶えません。家族の絆を深める役割を果たしてくれて、わが家なりの家庭教育の柱になりました。

気長な〝見守り活動〟とともに、これからも楽しいことを子ども達とたくさん共有して、わが家なりのよい絆をつくっていきたいと思っています。

第3章

子どもと共に…、親子で互いに…

笑いは人生の財産である
（ラブレー）

3-1

故郷の魅力を知ることから

―山形県―40代―男性

＊家族構成＊
●父（公務員）　●母（公務員）
●長男（高校生）　●次男（中学生）
●長女（小学生）

冬は家族でスキーに。わが家の冬の楽しみです。このような冬の楽しみ方に落ち着いたのは、私自身の能力と周囲の環境とによるものと思われます。

もともと運動が苦手な私にとって、人並みにできるスポーツがスキーだったのです。何でも自在にこなすスポーツ万能の親であれば、他の選択肢もあったのかもしれません。振り返ってみれば、自分が得意なことは家族も誘いやすく、苦手なことは、いくら子どもと一緒でもなかなか足が向かなかったということなのです。結果的に、妻の方が私よりもスキーが上手いこともあり、2人で楽しくできることを子どもたちにも求めた形で、家族でスキーにという流れになりました。

環境はどうかと言えば、わが家から蔵王温泉スキー場までは、車で20分ほど。家族でスキーに行くのなら、予定した日の朝に天候を見てから行くかどうか決められるくらいの距離です。いくらスキーが好きでも、吹雪の中では滑る楽しさは半減しますから、なかなか恵まれた環境だと感じています。

子どもの成長に応じたスキーの買い替えへの負担感について話題になっているとも聞きますが、シーズンレンタルという便利なシステムがあることを知り、利用しています。最新のモデルではありませんが、しっかりチューンアップされており、かつ成長に見合ったサイズのスキーを使用できるのが魅力的なところです。夏のシーズンオフの収納スペースが必要ないところもいいです。

実際に家族でスキーに行ってみると、子どもたちの方が大人以上に冬の楽しみ方をわかっていることに気付かされます。

私が子どものころは、もっとうまく滑れるようになりたいという気持ちが強かったと思います。スキーは、滑りに行くものという考え方になるでしょうか。最近のスキー場は、リフト券の料金を2時間券から設定していたりする便利さにこちらは、昼食なしでちょっと滑ってくるというのもありかと思ったりします。

ところが、子どもたちは滑るだけでは満足できません。おいしい食事はもちろん、樹氷観賞や温泉入浴つきで納得のプランです。小さいながらにスノーリゾートの概念でスキーの魅力を体感しているようです。

子どもたちには、せっかく山形で育ち、スキー技術を身につけたのだから、生涯にわたってスキーを楽しんでもらいたいですし、さらに次の世代にもこの楽しさを伝えてほしいと思います。

蔵王には海外からも多くの観光客が訪れるようになりましたが、かつてのようにスキー場全体が混みあって困るような場面は見受けられません。温暖化により樹氷原のエリアが縮小していることも心配されています。

それだけに子どもたちには、自らが楽しむなかで知り得た山形の自然や文化に根ざす故郷の魅力を守り育て、自信をもって発信できる存在になってほしいと願っています。

3-2
図書委員の楽しみ

―茨城県―50代―女性
黒田　さえ子

＊家族構成＊
●父（会社員）　●母
●長男（中学生）　●長女（小学生）

私の長男は学校の図書委員を毎年続けています。「本当は何もやりたくないけど、消去法で図書が残ったから仕方なく…。」と、中学生の無気力感を丸出しにして言いながら、中央図書館から貸し出されるコンテナの中にあれがあった、これがあった、期間が短いから早くみんなに薦めようと、結構楽しく活動している様子です。

母親の私は自分が本を読むことは好きですが、子どもが小さいうちは時々読み聞かせもしなくては…ぐらいの子育てでした。そんななかで息子が本に興味をもった出来事を紹介したいと思います。

保育所の年少組のころ、いつかは読んでほしいと少しずつ買いためておいた本箱の中から、彼が『ごんぎつね』を取り出しました。それまではリズミカルな言葉遊びの本が中心でしたが、せっかく選んだのなら…と私はその場で読み始めたのです。すっかり忘れていたけど、案外長くて難しいんだなあと考えながら音読をしていた私は、最後にごんが撃たれる場面で思わず涙が溢れました。

「なんで今更？　ごんぎつねなんて、とっくの昔から知っているのに…。」

息子に笑いかけようとしても、涙が止まりません。彼の方は目を真ん丸にして茫然としていました。

ています。

『泣いた赤おに』でも同じことが起こり、息子は母親の反応を見るために考えて本を選ぶようになりました。が、毎回私が泣くはずもなく、慣れっこになると駄目だと悟ったのか、小学校になると今度は国語の教科書も読ませます。同じ本を読んでお互いの感想を語り合うことが、いつしか私たち親子の間では習慣となっていきました。

中学3年生となった今、

「お母さん、もしかして泣いてる～？　この程度で泣くなんて、歳を取って涙腺が弱ったんじゃないの？」

「ただの、風邪の鼻水だよ～っ！」

など、好き勝手な言い合いに変わっていて、息子の言葉からその成長を感じることも増えました。

元々私は、本は寝ながら読みたいタイプのぐうたらですが、図書館の本はそうはいきません。子どもたちが小さいころは、借りた本の扱いに気をつかいました。万が一汚したり破いたりしてもよいように、絵本はできるだけ購入していましたが、読みたい本が増えるとそれも難しくなります。まずは自分の本の破れを、小さなうちにその都度補修して、丁寧に大切に扱うことに慣れてからの図書館デビューでした。借りた本でトラブルを起こしたことはなく、叱られたせいで読む気が失せるという事態を避けられたのは幸いだと思います。

本に関して嫌な思いをもたず、自由に感想を語り合えたことで、『友だちにも本を読む楽しさを伝えたい。』という一人の図書委員が誕生したのかも知れません。図書室前の掲示板で、息子が書いたおかしな推薦文を見ては思わず笑いが込み上げ、同時にちょっぴり嬉しく思う私がいます。

3-3

小さな手伝い　大きな成長

—群馬県—40代—女性

＊家族構成＊

- ●父（開業医）
- ●母（看護師）
- ●長女（高校生）
- ●次女（中学生）
- ●三女（小学生）

「窓のサッシも拭いてね、」「便器はふち裏まで丁寧に」まるで小姑のように…。

わが家には、3人の娘がいます。いずれ一人暮らしにせよ、結婚にせよ、家事ができなければと長女が生まれたときから私の心にはそんな思いがありました。

子どもたちに教えるにあたり、大切なのは、初めは見本を見せ一緒にやって、やり方を丁寧に教えることです。面倒でもです。ここがポイントです。掃除機のかけ方、拭き掃除も隅々まで　時々は幅木の上もね。なんておしゃべりをしながら教えています。女の子なので、可愛いエプロンを付け、まるで小さいお母さんです。

三女が生まれたときは、上の2人の娘が、ママの代わりにお米をといだり、授乳中に炒め物をしてくれたりしました。小さい手で一生懸命「赤ちゃんのためにおうちを綺麗にするんだ」とお掃除もしてくれました。「助かるよ」とたくさん褒めると満面の笑顔。もちろん三女のお世話もです。私が手が離せないときに「ママ～うんちしてる」「かえておいて」「は～い」と声が返ります。このような環境だったためか、教えていないのに三女は、積極的に小さい子のお世話をするようになり、先生方から「小さいお母さん」と呼ばれるほどでした。自分が姉たちにお世話してもらっていたことが身に付き、自分もそうしようと思ったようです。年齢に応じてできるお手伝いを少しずつ増やして身に付くようにしました。

なぜ、私がそのような考えになったかというと、決して自分が楽をするためだけではないのです（強調しますが）。私自身が小学生のころ、両親が共働きで帰宅も遅かったので母が帰る前にご飯を炊き、お味噌汁を作り、洗濯物を取り込んでおくと母の「助かる〜」の声に励まされてやっていた記憶がありま す。母の帰りが遅いときは私が代わりに夕食を作り、父は私が作る料理を「おいしい」と食べてくれました。今思えば、そうしてきたことで、自分が母になったときに、こうして娘たちに伝えることができたのだと感じています。

3年前に、夫の開業と共に私も朝から夜まで仕事に出るようになりました。夕食はある程度用意しておくと、娘たちが仕上げをし、ご飯を炊き、お味噌汁を作って自分たちで食事ができています。疲れて帰宅すると、暖かいお風呂が沸き、洗濯もして干してくれてあります。そんなときは、本当に涙がでるほど嬉しいのです。あのとき、母もこんな気持ちだったのかなと振り返ります。最近、娘たちから、「こうやると水垢がとれるんだって。」「春巻きのソース、ケチャップとスイートチリでアレンジしたんだよ。」と自分たちで工夫をしてやってくれることも増えました。娘の作る料理は心にしみる優しい味です。

何事にも経験を積み重ねていくことが大切だと思います。包丁でうっかり指を切ってしまっても、アイロンでやけどしてしまっても、その失敗が次につながるのです。次に失敗しないように小さな傷を治し、強くなればいい、小さな成功を積み上げていき良い子どもが育っていくと思います。

3-4
子どもと楽しんで生かす趣味

一埼玉県一30代一女性

＊家族構成＊

●父（自営業）　●母（公務員）
●長男（高校生）　●次男（小学生）

私の趣味は『絵本の読み聞かせ』です。きっかけは、10年ほど前、長男の通う保育園で定期購読していた月刊絵本や、子どもが借りてきた絵本を一緒に読んだり楽しんだりするようになり、気が付けば、子どもよりも私が絵本の世界にハマってしまいました。

一ページ一ページ額に入れて飾りたいくらい素晴らしい絵、数十ページ分と限られた文字数に込められた壮大な世界観、言葉の響き、リズム感。声に出して笑ってしまうような楽しいものもあれば、涙してしまうほど感動的なものもあります。また、日常を飛び出した想像が膨らむお話もあれば、科学を追求していて読んだらすぐに試してみたくなる本もあります。昔から読まれているお話は本当に何度読んでも良いですし、新しい作品も斬新な展開にワクワクします。本当に絵本の世界は広くて深いです。

そんな絵本の世界を子どもと楽しみたい！と、夜寝る前に読み聞かせをすることが日課になりました。布団に入り、子どもが好きな絵本や私が読みたい絵本を1冊～3冊程度読みます。読みながら、笑ってしまったり、涙が出そうになったり、読む前や読んだ後に子どもと話をする時間も、日中は仕事で時間の取れない私と子どもとの楽しく有意義なコミュニケーションの時間でもありました。ときには読みながら、寝てしまうことも…。子どもが先か…私が先か…それもとても幸せな瞬間でした。

この習慣は、子どもが自室で寝るまで続きました。子どもが自室で寝るようになってからは、リビングのソファーで一緒に絵本を楽しんでから「おやすみなさい」をするという習慣に変わりました。下の息子が小学5年生になった今も、回数はとても減りましたが、続いています。もっとも、絵本を読みたい私に子どもが付き合ってくれている、という状態ではありますが。

絵本を一緒に読むということには集中力がつく、本好きになる、想像力が豊かになる、読解力がつくなどなどたくさんの効果が期待されますが、一番の目的は、読み手と聞き手が一緒に楽しめてコミュニケーションの一部になることだと思っています。絵本は一人で読むとき、読んでもらうとき、読み聞かせをするとき、その時々で違った楽しみ方ができるのも魅力だと感じています。

好きが高じて小学校での読み聞かせボランティア、図書館での講座や読み聞かせボランティアなどに参加させていただいております。

子どもと楽しむことがなかったら、知らなかった絵本の世界。子どもと一緒に成長し、子どもに与えてもらったり、教えてもらうこともたくさんあります。子育てって本当に面白いなぁと日々感じています。

子どもがいずれ大人になって、親になったとき、一緒に楽しんだ絵本のことを思い出して、自分の子どもとまた楽しんでくれたらいいなと将来を夢見ています。

3-5 売る買うで学ぶフリーマーケット

―埼玉県―40代―女性

＊家族構成＊

- **祖母**
- **父**（自営業）
- **母**（自営業）
- **長男**（小学生）
- **長女**（小学生）

埼玉スタジアムで開催されるフリーマーケットに家族で参加いたしました。夫以外初めての出店です。

まずは商品を集めます。小５の息子は売れそうにないほどくたびれた筆箱を持ってきて、唯一の経験者である夫に見せますが、「お金を払っても欲しいと思える物にして」と却下。小３の娘は、おもちゃや、かわいい文房具を持ってきましたが、高額な値段設定のため却下。私はといえば、一度しか着ていない子ども服を買値の半額で、と言ったところ「売る気あるの?」と冷たい一言とともに意識改革を余儀なくされました。

一から売れ筋、相場などを教えてもらい、全部で60点ほどの品物がそろいました。その品物一つ一つをきれいに整え、値札を付けてダンボール箱にしまいます。夫の指示のもと息子は汚れを落とす係、娘は値札をつける係、私は衣類にアイロンをかける係です。「この手間をかけるかかけないかで３００円は違ってくるよ」の一言で俄然皆の集中力が上がります。「欲しい人いるかな?」「１００円だったらお買得だよね!」話し合いながら進めていき終わるころには、とても手際の良い仕事をするまでになりました。

そして当日。開店の準備です。衣類は脚立

を使いハンガーで吊し、本やＤＶＤは売れ筋のものを目立つところに置いてお客さんの目に留まる工夫をします。ここでも、決められた狭いエリア内でダンボール箱や衣装ケースなどを使い、立体的にディスプレイしていく経験者、夫に尊敬のまなざしが集まります。子どもたちも自分の出した商品の売上はそのままお小遣いとして貰える約束ですので、真似をしながら真剣に考えてならべていきます。

開店間もなく小学１、２年生くらいのお客さんが来てくれました。息子は変形するおもちゃの使い方を説明しながら遊んでいると「ママ、これ１００円で売っていい」と聞いてきました。おもちゃの値段は５００円です。「あなたがいいならいいよ」と答えました。お小遣い減っちゃうけど。

嬉しそうにおもちゃを持って帰るお客さんに手を振りながら「ずいぶん気前いいじゃない！」と言葉をかけると「どうせもう使わないし、僕のおもちゃ気に入ってくれてなんか嬉しいし、小さい子だからあんまりお金持ってないんだよ」とお兄さんぽい発言をしていました。

自分にはもう必要のない物でも、ほかの誰かには価値がある。この体験で学べたことの一つです。

それともう一つ、驚くべき成長をみせたのが子どもたちのコミュニケーション力です。知らない人に自分から話しかけることをほぼしない娘までもが、売れたときに本気の「ありがとうございました」を大きな声で言えるようになったのはもちろん、他のお店で買い物をするときに「これと、これの２つだとくらになりますか？」など価格の確認までできるようになっていました。

子どもたちは売る側、買う側の両方を体験して、反省点や改善策、試してみたいアイデアがたくさんわいてきたようです。

捨てる罪悪感が軽減され、お小遣いも増えて子どもも私も楽しく学べるフリーマーケット。

次回への期待がふくらみます。

3-6

『育児』は『育自』、『教育』は『共育』

—和歌山県—40代—女性

＊家族構成＊
● 母（看護師）
● 長男（中学生）
● 長女（小学生）

私は、子どもが3歳と5歳のときに離婚し、自分の育児に自信がなく、しつけが適切かいつも不安に思っていました。仕事と家庭の両立、地域や学校とのかかわりなど、時間はいくらあっても足りない毎日で、ときには子どもに辛く当たることもありました。その度に、親としての自信を失くし、自分を責めて、親としての責任に押しつぶされそうなときもあり、ある質問から心が救われる経験をしました。

それは、『子育ては損ですか？　得ですか？』という質問です。〝子どもにとっての育児〟を悩み続け、その視点を〝自分にとっての育児〟に切り換えられた瞬間でした。育児は育自・教育は共育と言われるように、私自身も親として未熟で不完全で、これから子どもと共に成長するのだと思うと、子育てがとても楽になりました。

それからは、社会とのかかわりを通して、大人として子どもの憧れる自分で居ること、大人の見本を示すことを意識し、人生の先輩として子どもたちと向き合っています。

わが家のしつけでは、①家庭のルールを守る　②正直であることをポイントにしています。ルールを守ることは、他人とかかわっていくうえで、欠かせない基礎能力であり、社会に出ても必要な自己規律の基盤となることだと思います。親としても、職場の上司としても、育てる相手を信じ、妥協せずに愛情をもって、ルールの必要性を伝えることと、守れるようにするにはどうすればいいのか共に考えることとは、自分の成長にもつながります。そして、正直であることは、教育には欠かせないと思っています。公平さや、誠実さは信用につながり、大人の手本となるためには必要なことだと思います。しかし、心を開きあえる関係だけでなく、子どもたちが、アイデンティティを獲得するためには、権威をもったかかわりも必要です。権威とは、威圧して抑え込むという意味ではなく、知識・技術や経験、愛情や信頼をもって、人々から自然と尊敬され、皆が自発的に従うようになる力のことで、それを身につけられる自分に成長することが、親になっていくことではないかと思います。〝親に叱られるから言うことを聞く〟のではなく、〝自分の親の言うことなのだから間違いない〟と、その意見に耳を傾ける。そんな関係がつくれるように子どもたちと一緒に『自分づくり』をしています。

それでも、仕事が忙しいときや疲れているときは、感情をぶつけてしまうこともあります。そんなときは、素直に「仕事が忙しくて、イライラをぶつけてしまってごめんね」と伝えることもできるようになり、「少し疲れているから、家事を手伝ってくれると助かるな」と、子どもたちを頼って『ありがとう』と感謝を伝えることもできるようになりました。

仕事と育児の両立で、悩みをもったお母さんは増えていると思います。頑張っているお母さん方のなかで、親としての責任に押しつぶされそうな人がいたら、ひとりで背負い込むのが親の責任ではないと伝えたいです。

『育児』は『育自』、『教育』は『共育』

子どもと一緒に成長していきましょう！

3-7 科学に夢中！ 親は子どもの応援団！

―広島市―40代―女性

＊家族構成＊
●祖母 ●父
●母 ●長女
「三角フラスコが欲しい」

その言葉を聞いて、その日のうちに家族で買いに行きました。実験気分を出すために、色つきの発砲入浴剤と水をフラスコにいれて、ブクブクと泡が出るのを楽しんでいました。

娘が5歳のとき、それが科学の世界へ夢中になる始まりでした。

それからは実験器具への興味が芽生え、ビーカーや試験管などが増えていきました。
★どうやったら大きなシャボン玉ができるのか？
★スライムを上手に作るにはどうしたらいいか？
近所の子どもたちも一緒になって実験ごっこは広がっていきました。

動物園も大好きでした。動物たちのからだの特徴などを観察。一週間に4回行ったこともありました。山登りに行くと石を拾ってきて本で調べたり、椿のつぼみを半分に切って観察したりしました。花を咲かせる準備をしていることを学び、めしべやおしべなどをスケッチしました。

小学3年生のとき、学校が早く終わると近所の子たちも誘って近所の干潟に行き、たくさんのカニに出会いました。4年生のときには「干潟のカニの住み分け」について科学研究をして、砂場に住むカニ、岩場に住むカニなど、種類によって違うことを学びました。

５年生になると、自宅でカニを飼育しました。カニの脚の動きに興味を持ち、８本の脚すべてに違う色の絵具を塗り、雨どいに紙を貼ったレーンの上を走らせました。脚の動きがわかったときには嬉しかったです。その他にも海に住むカニと川に住むカニの１００センチメートルの移動タイムも測りました。海に住むカニは岩場に隠れることができるために動きがにぶく、川の干潟に住むカニは隠れる場所が少なく天敵から身を守るために素早く動いていることがわかりました。今ではエビも飼育しています。

こうして親子で楽しみながら植物や動物を観察し、自由研究にまとめました。夏になると娘だけでなくたくさんの同級生がわが家に来てそれぞれの研究をしていました。

娘が小学生のころは同学年の各クラスで、毎週科学に関する本の読み聞かせをしました。私も白衣を着て〝博士〟と呼ばれていました。紙とはさみでプロペラやメビウスリングなどを作りました。みんな楽しみにしてくれていました。驚く顔やキラキラした目を見るたび、来週は何をしようかとワクワク。どれも楽しい思い出です。

娘の小学校卒業とともに読み聞かせは終わりましたが、中学生になった今でも夏休みにはたくさんの子どもたちが自由研究の相談に来ます。子どもたちに身近なものへの探求心が根付いていると信じて……。

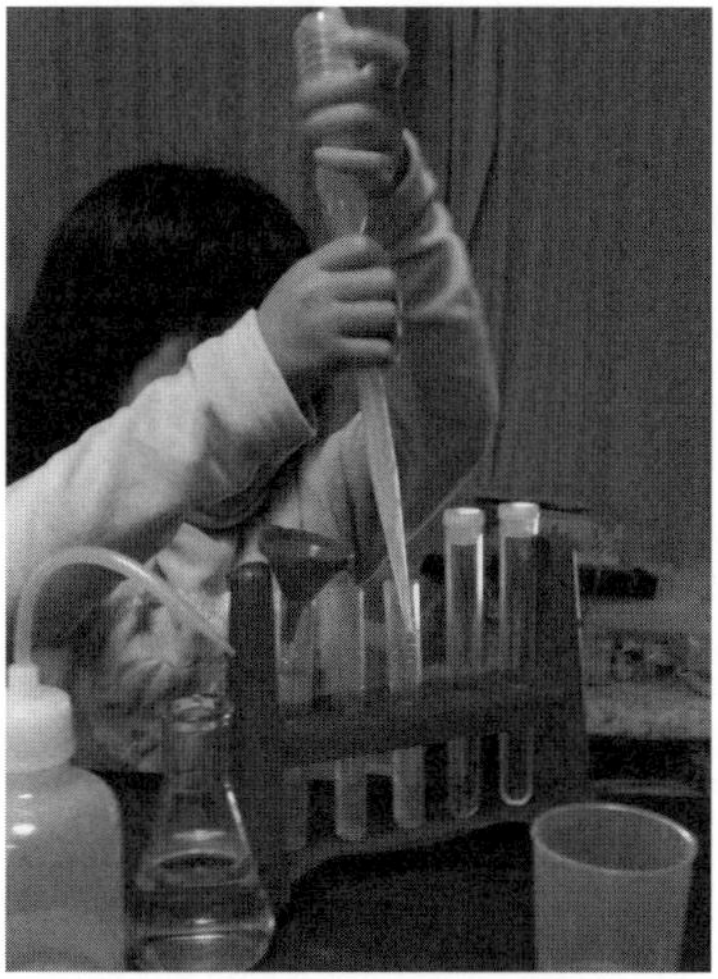

3-8 一緒に体を動かしたい！

一香川県一40代一女性

＊家族構成＊

●父（公務員）　●母（看護師）
●長女（高校生）　●次女（中学生）

わが家の2人の娘。上の子はX脚でかけっこは苦手ですが、関節は柔らかく、ドッチボールでも逃げずに積極的にできる子でした。下の子は小さいころはリズムに乗って踊るのが好きで、保育園に通っているころは、音楽が流れると自然と踊りだしてしまう子でした。お父さんはサッカーとか野球とかは苦手で、どちらかというと物静かな人で、私は、小・中とバレーボールをしており、上の子が幼稚園のころはソフトバレーにも参加しておりました。

　仕事をしている都合で、親子で体を動かすことといえば、休日、アスレチックに行ったりボール投げをしたり散歩をしたり、遊びのなかから運動に興味をもってもらう、そんな子育てをしていくつもりでした。

　しかし、上の子が7歳、下の子が4歳の時に、私はひょんなところで内外側半月板損傷を受傷しました。若いころにも膝蓋骨《しつがいこつ》脱臼、膝蓋骨骨折と同じ箇所を負傷しています。3度目の手術、治療をしました。しかし、術後癒着がみられ、完全治癒は困難な状態となりました。子どもを十分に抱っこしてあげることもできない、運動会の親子競技でも一緒に走ってあげることもできない、でも子どもと一緒に体を動かしたい！　リハビリをしながら理学療法士に相談しました。「水泳は膝に体重がかからないから、平泳ぎじゃなければ大丈夫ですよ。それに、水中ウォーキングはリハビリにもなるし、子どもをおんぶしながら歩くとちょうど良い負荷がかかるし、一石二鳥ですよ。泳ぎは苦手ですか?」私、実は泳ぐことも大好きです!

季節は夏でした。「そうだ! プールへ行こう! 水の中なら子どもと一緒に遊べる。浮力もかかるから、抱っこすることもできる!」幸い車で30分以内に何か所か公営のプールがありました(温水であるところもあります)。水の中は杖なしで子どもの両手を握ってあげることができる、一緒に泳ぐことができる、お父さんも協力してくれ、休みの日にプールに行く機会が増えました。冬でも、温水プールで、流れるプールもついていて、値段もお手頃な施設が車で40分くらいのところにありました。子どもたちは、そのプールに行くときはいつも行くプールより遠いので、テンションもいつも以上に高くなっています。そんな子どもの表情を見ていると嬉しくて、時間の許す限りその温水プールへ通いました。走るのが苦手な上の子も、水の中の追いかけっこでは楽しそう。下の子は浮き輪やビート板を使って流れに乗ったり、背中の上に乗ったり、親子で泳ぐことを楽しんでいました。徐々に大きくなってくると、クロールで自由に泳ぎだして、あれっ? と見失いそうになるときも。泳ぐスピードはぐんぐん速くなり、下の子は本格的に泳ぎを習うまで成長しました。上の子は、どちらかというとインドア派な子どもですが、足の悪い私に今でも付き合って泳いでくれるときもあります。たとえ足が悪くても、わが家は今でも水泳を通して親子で運動しています。

3-9 剣道のすばらしさ 黙って見守ることの大切さ

―香川県―40代―女性

＊家族構成＊
●父（会社員）　●母（会社員）
●長男（高校生）　●次男（中学生）

高校2年と中学2年の息子2人は、幼稚園のころから地元のスポーツ少年団に所属し、剣道を習っています。現在も、それぞれの学校で剣道部に所属し、稽古に励む傍ら、週1、2回はスポーツ少年団が練習している小学校の体育館で汗を流しています。

長男が剣道を始めたのは、きっかけや理由はなく、スポーツ少年団で指導していたのが祖父にあたる私の父だったからで、祖父にくっついて稽古を見に行くうちに、自然な流れで入団。祖母や私自身も団の行事などの手伝いをしていたので、団員やその保護者ともすでに面識があり、新しく何かを始める意気込みや緊張などもないうちに団に溶け込んでいました。

次男は長男の稽古や行事、試合などにいつも連れて行っていたのですが、「絶対やらん」の一点張りで、それも仕方ないかと無理強いもしませんでした。ある日、いつものように次男を連れて長男の稽古に行っていると、「剣道やる。試合に出たい」と言い出しました。長男は自分の意思ではなく始めたことをふと気づいたのか、小学2年生になって「なんで、剣道始めたん？　やりたいって言うた？」と尋ねてきました。始めた経緯を説明し、他にやりたいことがあるならやめてもいいと伝えました。その後も進学のたびに「他のことをやってもいいよ」と伝えてきたのですが、「他にやりたいこともないし」と現在に至っています。次男は自分から「やりたい」と言って始めただけに剣道一筋で、所属のスポーツ少年団だけではなく、他の団や市の剣道連盟にも出稽古に行くほどです。

剣道というと、礼儀作法が身につく、姿勢がよくなるなどと言われていますが、稽古や試合前後の礼や黙想のときなどはピンと張りつめた空気があります。試合に勝っても負けても礼をして試合場を出るまではガッツポーズや落胆はできません。対戦した相手に敬意をはらうためです。また、試合を観戦しているときは、声援はできず、拍手で応援します。強い団体や学校ほど礼儀正しく、あいさつや返事、言葉使いまで素晴らしく、見ていると気持ちよくなります。

２人の息子は十年以上剣道を続けていることになります。私にできることはできるだけサポートし、剣道を嫌いにしないことでした。

私はスポーツ少年団の稽古には必ずついていき、稽古を見ていました。試合ももちろん行きますが、敗けても帰りの車の中ではダメ出しはしません。その代わり、翌日や翌々日に一緒に素振りをしながら、敗因を尋ねます。スポーツ少年団ではクリスマス会や餅つき、キャンプなどの行事もあり、多学年の子どもたちが一緒に過ごすため、自然と上級生が下級生の面倒を見ます。次男が剣道を始めたときに、それまで見向きもしなかった夫が一緒に入団し、仕事の合間を見つけては稽古に行くようにもなりました。難しいといわれる年齢になっても父と息子で剣道談議に花を咲かせています。息子たちは自分たちがお世話になった分、今は小学生たちの稽古相手に体育館に行きます。多様な人間関係のなかで、技術だけではなく、人間性も育っているように思えます。継続させるには周りの関係ももちろん重要ですが、一緒にやること、黙って見守ることも大切と感じています。

3-10 夢新聞で子どもたちの夢に耳を傾ける

三重県―40代―女性
海野 淳子

＊家族構成＊
- 父（会社員）
- 母（市職員）
- 長女（大学生）
- 長男（中学生）

夢新聞とは、子どもたちが自分の夢や目標が実現したことを、未来の日付で記事にする新聞です。ワークショップ形式で小グループになり、皆で協力し助け合いながら、作成していきます。最大のルールは、他人の夢を馬鹿にしないこと、どうせ無理だろうと思わないことです。大人は指導や助言はせず、子どもたち同士で学び合いを深めていくことが重要になります。

　私は、この企画と出会ったとき、親子バージョンの「夢新聞親子教室」を地元で開催したいと思いました。なぜならば、親子で参加することで、子どもが描いた夢を、その場で一緒に応援することができるからです。

　その光景を目の当たりにしたいという思いが溢れ出し、名張市ＰＴＡ連合会の会長職であったため、イベントとして開催することを、理事会で承認いただき、開催に向けて様々な準備を進めていきました。

　そして翌年2月に、夢新聞認定講師である、上村晃一郎氏、山口佳久氏をお迎えし、三重県において初めて「夢新聞親子教室」を開催しました。

　当日は20組の親子グループが参加し、子どもたちは次々と「夢新聞」を作成していきました。

子どもたちの夢は様々です。アイドル、女優、サッカー選手、プロゴルファー、身近なところでは、スイミング教室で全種目泳げるようになりたい等、夢を描いている子どもたちの様子を見ていると、私たちも全力で応援したい気持ちになりました。横で見ている親御さんたちには、子どもの夢に口を出さないこと、アドバイスもしないこと、というルールがあるので、じっと見守ってくれていました。

普段、子どもたちの行動を気にして、つい先回りしてアドバイスしてしまう親御さんには、我慢の時間だったと思います。

夢新聞教室で、夢を描いていると、子どもたちは自分の個性や特性を発見することができます。親は、子どもがどんなことに興味をもっているのか、どのようなことに憧れを抱いているのかがわかってきます。ある子どもは、親が取り組んでいるイベントや仕事に関心を抱き、その業種で成功する自分を夢に描いていました。その親御さんは、「普段忙しくしていて、その多忙の原因が仕事にあるのに、それを憧れの職業だと思ってくれていることに驚いた」と感想を語ってくれました。やはり、子どもは親の背中を見ているのだということを、あらためて気付くことができました。

現代の子どもたちは、憧れの職業のなかに「公務員」があります。理由は、「安定しているから」だそうですが、これは親が主導した発言で、親が望む理由は理解できます。安定を求めることは良いことですが、チャレンジすることの意義や、失敗からの学びを忘れずに、子どもたちの可能性を伸ばしてほしいものです。

子どもたちは、自分の興味があることには全力で取り組む力を蓄えています。子どもたちの才能を開花させるために、私たちができることは、夢に向かってチャレンジし、例えそれに失敗しても、リベンジできる可能性があるということを伝えていくべきなのではないでしょうか。

夢新聞親子教室では、夢を否定されることは一切なく、「みんなでみんなの夢を応援しよう」というスローガンに基づいて進行していきます。

夢が叶った日付は、10年後や20歳や30歳になったときなど様々です。しかし、一貫して言えることは、隣で見守ってくれている親を喜ばせたいという思いが、子どもたちから伝わってきます。大きく抱いた夢が叶わなくても、身近な人を幸せにできることが、どれほど素晴らしいかを、子どもたちが夢に抱いてくれると信じて、これからも「夢新聞親子教室」を開催していきたいと思います。

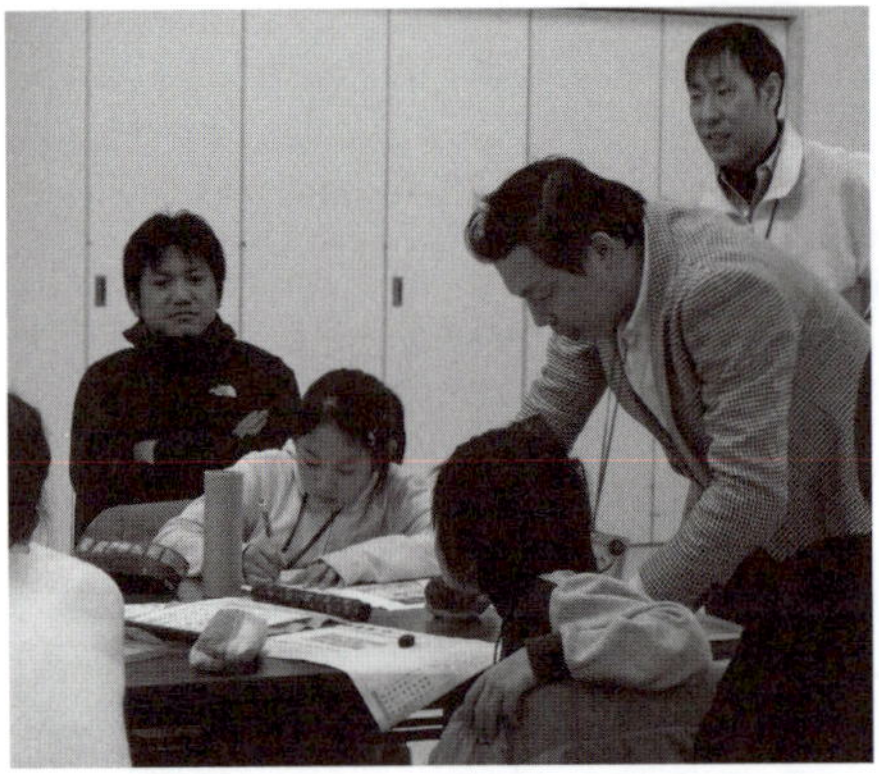

3-11 親子で考えるスマホのルール

―愛媛県―50代―男性

＊家族構成＊
● 祖母（無職）
● 父（公務員）
● 母（無職）
● 長女（大学生）
● 長男（高校生）

わが家はパソコン等をインターネットに接続していないこともあり、中学3年生のときに娘と息子にスマホを持たせました。娘は決まりごとを守る方だったので口約束でしたが、息子は以前に祖母の携帯電話を仕組みがわからず使っていて高額請求されたこともあったことから、ちゃんとルールを決める必要があると思い、今回は親子で話し合いスマホの購入前に「スマホ所持のルール」を決めました。

ルールの内容は、以前の娘とのルールを決めてから3年経っているので少し修正しました。息子にどんなルールが必要か聞いてみると、「何時以降は使わない。」「お金のかかることはしない。」「充電は自分の部屋でしない。」という返事が返ってきました。親としては「意外とわかってるじゃん。」と思いながらのルールづくりとなりました。

話し合いのなかで息子から午後9時は早いとの意見があったことから、午後10時に決まりました。また、使用時間と約束を守らなかったときにどうするのかを話し合いました。約束を守らなかったときにどうするのかについて息子に聞いたところ、「お父さんに返します。」という返事が返ってきたことからそれに決定し、最後にルールを書いた紙に自分と息子が自筆で署名し完成です。もう一度しっかり読み上げて、息子の部屋でいつでも目に入るところということで勉強机の横の本棚に貼りました。

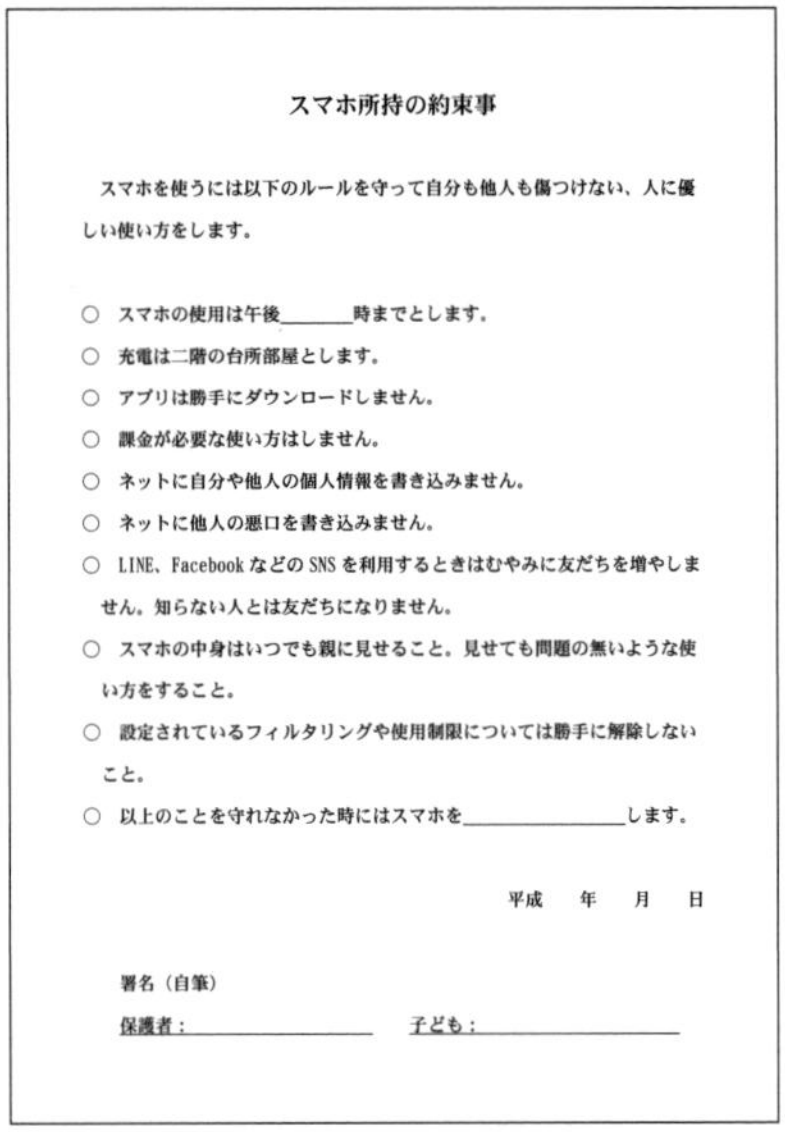
スマホ所持の約束事

スマホを使うには以下のルールを守って自分も他人も傷つけない、人に優しい使い方をします。

○　スマホの使用は午後＿＿＿＿時までとします。
○　充電は二階の台所部屋とします。
○　アプリは勝手にダウンロードしません。
○　課金が必要な使い方はしません。
○　ネットに自分や他人の個人情報を書き込みません。
○　ネットに他人の悪口を書き込みません。
○　LINE、Facebook などの SNS を利用するときはむやみに友だちを増やしません。知らない人とは友だちになりません。
○　スマホの中身はいつでも親に見せること。見せても問題の無いような使い方をすること。
○　設定されているフィルタリングや使用制限については勝手に解除しないこと。
○　以上のことを守れなかった時にはスマホを＿＿＿＿＿＿＿＿します。

平成　　年　　月　　日

署名（自筆）
保護者：＿＿＿＿＿＿＿＿　子ども：＿＿＿＿＿＿＿＿

ルールを決めて2年になりますが、本人もルールづくりにかかわったからなのか、親に返すのが嫌なのかはわかりませんが、概ねルールは守っており、親の立場で言うと「取り上げる」ようなことにはなっていません。実は最近スマホ以外の生活面において怠惰な部分があり、スマホを取り上げてしまったことがありました。今では反省しています。それは親のルール違反だと

今回のルールづくりについては、スマホを所持するタイミングで話し合うことができたこと、親の押しつけではなく、ルールを決めるときに子どもも一緒に考えたことが良い結果につながっているのではないかと考えています。私の知らないところで本当にルールが守られているのかはわかりませんが、今後も親として子どもの日常にかかわり、ちょっとした変化にも気付くことができるよう、しっかりと見守っていきたいと思っています。

携帯電話やスマホの功罪やルールづくりについては、子どもたちがトラブルに巻き込まれ、被害者になるだけではなく加害者になってしまうといった事例が全国で発生しており、子どもを取り巻く環境のなかで喫緊の課題の一つだと思います。そんななかで私たち親は子どもたち以上にスマホやインターネットについて知ることは難しいかもしれません

が、これまでの人生経験があります。それを生かして子どもたちを守っていきたいと思います。自分は日ごろから「教育は家庭から」と考えていて、家庭教育の始まりは家庭での会話から始まると信じています。日々の生活を通じて子どもたちと家庭でいろいろなことを話し、一緒に学びながら、毎日を楽しく過ごしたいです。これからもわが家ではそれを実践していきたいと思います。

3-12 ワクワクしながら楽しむ年中行事プランナーは子どもたち

―福岡県―40代―男性

＊家族構成＊

●父（自営業）　●母（会社員）
●長女（中学生）　●長男（小学生）

原稿執筆に当たって、改めて年中行事というカテゴリーを調べてみました。狭義では神事など古くからの歴史にかかわるものですが、ここでは広義に捉えて、わが家での個人的な行事も含めて書かせていただきます。

わが家では年中行事を楽しむために、子どもたちに企画やスケジュールを考えてもらっています。企画とはその名のとおり「何をするか」であり、最近ではハロウィンやお月見の際に、お菓子やお団子を子どもたちが作ることもあります。いつ作るのかさえも任せています。自分たちで行事を担っていると言えば大袈裟ですが、考えることを楽しんでいる

1 月	初詣・お正月
2 月	節分・冬の旅行・誕生日
3 月	桃の節句
4 月	お花見
5 月	端午の節句・母の日
6 月	父の日
7 月	七夕
8 月	お盆・夏の旅行
9 月	彼岸入り・敬老の日
10 月	お月見・ハロウィン
11 月	誕生日
12 月	クリスマス・大晦日・誕生日

様子が伺えます。

　本来、子どもが生まれる以前から夫婦２人で季節を感じるために年間を通して行っていたものですが、子どもが生まれてからは、さらに楽しくなり、子どもよりも自分たちのほうが楽しんでいるような気がします。そのワクワク感が子どもたちにも伝わり、毎年冬と夏に行う旅行の際には､出発時刻からルート、どこで休憩をするかまで子どもたちに任せています。また、朝食や昼食、夕食の場所や時間なども子どもたちに任せることで、地図の見方も覚え、その地での特産品、時間の配分も考えるようになりました。

　さらに、節句やお盆、お彼岸、敬老の日などの場合は、なぜそのような行事を行うのかを問い、調べさせるようにしています。日本の伝統に触れて考える機会にもなっています。表にまとめた以外にも、地域のお祭りや日帰り旅行などにも出かけていますが、全てにおいて家族そろって出向くことを前提としています。そうすることで、家族の大切さとコミュニケーションの大切さを、自然に感じ取ってもらえるのではないかと考えます。

　ときには子どもたちにとって、楽しくも面白くもない行事があることも確かです。街並みを見るだけで歩いて散策する、景色だけを楽しむ場所に行くことも、それに当てはまるかと思いますが、それがあるからこそ、子どもたちが考えた企画に、より楽しみが増えることと思います。あえてメリハリをつけることが大事だと考えています。

　これからは子どもの成長によって、家族全員で出掛ける機会も少なるかもしれませんが、だからこそ一つ一つの年中行事を、今楽しめるように今後も工夫を続けたいと思います。

3-13 イベントに早起き一番乗り 大きな学びに感謝

—福岡県—50代—女性
上田　由起子

＊家族構成＊
- 父（会社員）
- 母（会社員）
- 長男（会社員）
- 長女（大学生）

「お金をかけずに、親子でおもいっきり楽しむ！」これをモットーに、様々なイベントに参加し、親子でたくさんの出会いと経験をしました。

　身近なところでは、住んでいる町内のイベントです。敬老会にクリスマス会、最近ではめずらしい盆踊り大会や新春祈願祭などがありました。盆踊り大会は、近所の天満宮に櫓《やぐら》を組み、老若男女櫓を囲んで踊ります。福岡県ですので「炭坑節」はもちろんですが、毎年1曲は新しい踊りが加わるため、盆踊り大会前の数日間は踊りの練習もあります。親は神輿を組み立て、子どもが神輿を担ぎ、境内ではスイカ割りが行われ、異年齢の子どもとのかかわりや、親以外の大人に指導をされるなど、子どもの社会性を育み、地域の伝統を学ぶよい機会となりました。小学校区では、夏祭り、運動会やスポーツ大会、校区内の川でカヌー体験乗船などに参加し、地域の方々と交流を深めることで、親も子も顔見知りが増え、地域の方々のたくさんの「目」で子どもを見守っていただき、育てていただきました。

　ほかにも、市内にある工業高等専門学校や大学で開催される、オープンキャンパスや学園祭。また、イベントではありませんが、動物園や科学館、資料館や博物館などは無料開放の日に出かけました。オープンキャンパスや科学館などに出かける際は、会場や施設の開場前に現地に行き、開場と同時に入場をする。どこも開場直後は人出も少ないため、ゆっくりと見学や体験ができました。たとえば高専のオープンキャンパスでは、様々な実験やもの作り教室がありますが、スタッフの先生方や学生と、じっくり向き合い、余裕をもって対応してもらうことができました。このイベントには10年以上通い、息子はこの学校のOBとなりました。

仕事の休みの日くらい朝はゆっくり休みたいとも思いますが、休日しか子どもとゆっくり触れ合う時間も無く、また、子どもが成長し習い事や部活動が始まると、親子でイベント参加など、なかなかできなくなります。

子育て時期の、ほんのひとときしかできない親子での体験活動は、どの市町村、地域でも、様々なイベントを企画されているので、行政のホームページやメール配信システムを活用したり、回覧板や広報物などで情報を収集し、身近なところでお金をかけずに親子で思いっきり楽しんでみてはいかがでしょうか。

わが家の子どもたちもすっかり大きくなりましたが、今でもどこかに出かけるときは、早起きをし、開場前には現地に到着し、そしてイベントをしっかり楽しむ、この習慣が身に付いてしまっています。

第4章

向き合って…、寄り添って…

愛情をケチってはいけない
（フロイト）

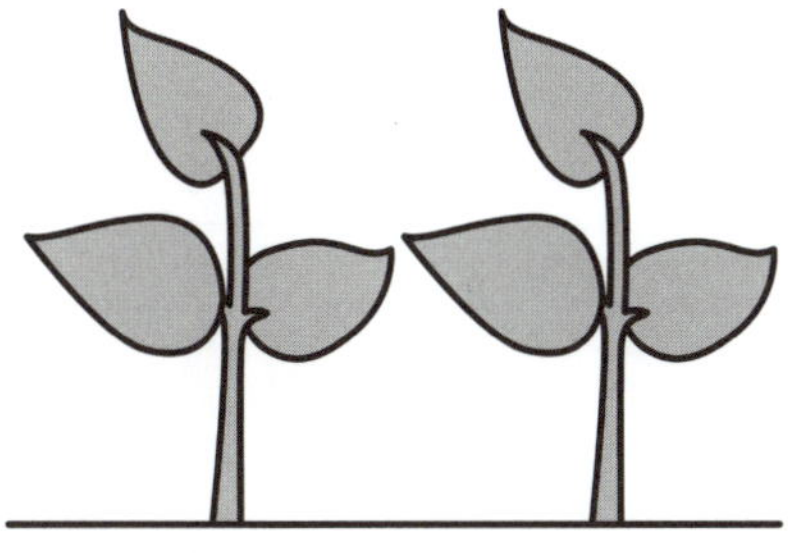

4-1 子どもが絶望 ～寄り添い続けて～

―福島県―50代―女性

＊家族構成＊
- 母（自営業）
- 長男（成人）
- 長女（中学生）

パパはいません。息子が8歳、娘が2歳のとき、脳梗塞で急死しました。私たち家族は、そのときから大きな喪失感を抱きながら生きてきました。

パパとの時間を過ごせた息子と物心つく前でパパの記憶がない娘では、発達の過程でもかなり違いました。友だちが多く自分から率先して行動できる兄に対して、娘は、兄のように引っ張っていってくれるようなリーダーが必要でした。遊ぶのも男の子との方が多く女の子と居てもあまり合わない感じでした。年齢を重ねると、いつまでも男の子とばかり一緒というわけにもいかず、仲間はずれになることもありました。自分の存在が否定されるというのは、娘にとって大変な衝撃でした。お兄ちゃんがこのクラスに居たらこんなことはないのに！　と思うことが多くなりました。娘にとってお兄ちゃんはパパのような存在でもあったのだと思います。小5のときに娘が書いた詩が市内の文集に掲載されました。

「あっまた」
お兄ちゃんはいつもほめられる
それにいつもまわりには友達がいる
私とはぜんぜんちがう

お兄ちゃんはすごいと思うし
ときどき「いいな」と思う
だからお兄ちゃんがきらいです。
でもお兄ちゃんにほめられると
だれかにほめられるよりも
とてもうれしいきもちになります。

これを読んだとき、涙が止まりませんでした。突然家族構成が変わってしまって1人で2人分の役目を担わなければならなかったのは私なのに、息子は自然とパパのかわりになっていたんだと思いました。

6歳年の差があり、息子が東京の大学に進学で上京したのと中1の壁と重なり、娘は学校に行けなくなりました。不登校という言葉に私と娘は異常に反応して喧嘩となり、親であるのに子どもを追い詰めてしまったのだと思います。「生きていても意味がない」「私の存在なんていらない」という言葉を発するようになりました。そんなとき、もう怒るのはやめようと思い、2人で山や湖を観ながらドライブをしました。何も触れずにただただ風景と清々しい空気を吸って自然を満喫しました。2人だけの時間をたくさん取りました。普通に学校に行くことはまだできませんが、進学のこととか将来のこととか話すようになりました。思春期はまだ続きますが、できるだけ丁寧に向き合うことを大事にしています。

4-2

十秒チャージからハイタッチ

―茨城県―30代―女性
玉村 美友紀

＊家族構成＊

●父（会社員）
●母（パート）
●長女（小学生）

今は小学4年生になった娘が、まだ幼稚園に通っていたころ。長期休暇の間に、私が仕事で預かり保育に娘を預ける朝に、決まってしていたのが『十秒チャージ』です。普段のバス通園のときとは違い、なかなか離れたがらない娘を、園庭で別れる前にぎゅっと抱きしめて、「いーち、にーい…」とテンカウント。いつものお友だちが一緒ではなく、心細くて泣きそうになっている娘に、会えない間の元気をチャージする気持ちで行っていました。十秒に思いを込めたら、「がんばろうね。」とハイタッチ。気持ちを切り替えて、それぞれの立場で乗り切ろう、と笑顔を向けて別れていました。

その他にも、寝かしつけのときに求められたら抱きしめたり、マッサージをしたりしていましたが、このように私が娘との触れ合いを大切にしようと考えるきっかけになったのは、同窓会での恩師のスピーチです。

「子どもが抱っこをねだってきたら、必ずそれに応えてあげてください。」

子育て支援の仕事をされていた先生の言葉に、抱っこの大切さを痛感しました。また、ねだられたそのとき、作業をいったん止めてでも、子どもに応えてあげることが大切なのだと、印象に残りました。それから、子育てをする立場になって、守っていきたいと心に留めています。

子どもに言葉で気持ちを伝えることも、もちろん大事だと思うけれど、ぬくもりを通して伝えることで、安心感や充足感が高まる気がします。子どもにとっても、親に受け入れられることで、自分を大切に思ってくれていると、より実感できるでしょう。しかし拒否された場合には、親にとっては気にも留めない出来事でも、子どもは心に傷を残してしまうかもしれません。だからどうしても手を離せないときは、その旨をきちんと話して、必ず後で応えていきたいと思っています。

娘が小学校に入ってからは、朝、送り出すとき、抱きしめることはなくなりましたが、ハイタッチだけは続けています。痛いくらい元気だったり、不機嫌で適当だったり、毎日変わるハイタッチ。私にとってはその日の娘のバロメーターでもあり、母から娘への密かな元気のチャージでもあります。

今では、小柄な私と背丈が変わらなくなった娘ですが、小学校3年生の時キッチンに立っていた私に後ろから抱きついてきたことがありました。「ママ、十秒チャージしていい?」「いいよ。」しばらくして、「元気出た、ありがと。」と、部屋に戻っていく娘の姿。成長を感じていたけれど、まだ私を求めてくれるのか、と少し驚きました。そして、これまでしてきたチャージも、きちんと娘の力になっていたのかもしれないと嬉しくなりました。

いつかは、こうした触れ合いを恥ずかしがったり、煙たがられたりする時期が来るのかもしれません。それでも、求められれば応えたいし、これからの人生で辛いときには、私のぬくもりを思い出して、娘の生きる力にしてくれたらと願っています。

4-3

条件つきでない親の愛を
―自己肯定感を育むわが家の工夫

―愛知県―40代―女性
天野 真理

＊家族構成＊

- **父**（公務員）
- **母**
- **長女**（高校生）
- **次女**（小学生）

日曜の夜、高校生の娘と落ち着いた雰囲気のお店で食事をすることにしました。込み合う時間より少し早かったこともあり、お店のなかはとても静かでした。私たちより少し後に、3歳くらいの男の子を連れたご家族が入店され、隣のテーブルに座られました。コース料理を注文されたようで、お母様が前菜を男の子の口に運んでいました。見た目が馴染みのないものだったためか、男の子は「いらない、いらない」と何度も叫び、その声はお店中に響き渡っていました。お母様はどうしてよいか分からず戸惑いながら、男の子に食べさせようと一生懸命でした。お父様は、そのやりとりを黙って見ているしかできない様子でした。ふと、私だったら、こんなときどうするだろうか、子どもにどんな言葉をかけるだろうかと、親の言葉掛けを考えながら、わが家の子どもたちの小さかったころを思い出していました。

お腹のなかにいる赤ちゃんが、ただただ無事に生まれてきてくれることを祈り、産着やよだれかけを見ているだけで幸せいっぱいだった日々が、母になり父になった日から、泣き続けるわが子を見つめながら、どうしたらいいのだろうと、子育てに不安を感じる毎日を過ごします。言うことをきかない、口ごたえする、必要以上に甘えるなど、子育ての悩みは尽きません。そんなときに出会った育児書に、「条件つきでない親の愛を」とありました。そこには子どもが望んだら、そのとおりにしてあげればいいのです。それは子どもを甘やかすことだし、その結果、過保護になり、子どもは依頼心が強くなって、自立しないのではないかと誤解はあるが、そんなことは絶対にないのです。おんぶと言ったとき、おんぶしてもらえる、抱っこと言ったとき、抱っこしてもらえた子どものほうが、安心して自分を信じて自立していくのです。自分の望んだことを、望んだとおりに十分にしてもらうことで、子どもは人を信頼できるようになるのです。と書かれていました。それから私は、子どもが甘えたいと思っているときはしっかり甘えさせ、ありのままの子どもを受け入れ、心が満たされるような、子どもが嬉しいと感じる言葉をたくさんかけようと思うようになりました。

現在、高校2年生と小学5年生の娘たち。進路に悩んだり友だちとのトラブルなど、一喜一憂の毎日です。帰宅すると、今日一日あったできごとを我先にと話し始め、会話は途切れません。そんなときは聞き役に徹します。何か表情が違うなと思うときもありますが、いつでも味方だよ、見守っているからねと思いながら、必要以上には聞きません。悩み、立ち止まることもあると思いますが、子どもたちが前向きに、自分の人生を自分の力で生きていけるように、これからも励まし、寄り添っていきたいと思います。

佐々木正美著（1998）『子どもへのまなざし』福音館書店

4-4
個性に合わせた子育て 子どもたちとのコミュニケーション

―京都府―40代―男性

＊家族構成＊
●父（自営業）　●母（自営業）
●長男（中学生）　●次男（小学生）

私には2人の息子がいます。この原稿を書いている時点では、長男が中学1年生で、次男が小学5年生です。もちろん愛してやまないわが子たちなのですが、遺伝子がどのように伝わったのか、2人とも体型や性格が大きく違う兄弟に育っています。

まず、長男ですが、身長ではすでに私を超え、体つきもがっしりしていて、とても中学生とは思えない体格です。性格は優しく、争い事が嫌いであり、その大きな体とおっとりした性格のおかげで、周囲からは親しまれる存在のようで友だちもたくさんいます。また、小学校のときから学級代表等に立候補して務めるなど、自分からも周囲に積極的にかかわり、仲間と楽しく過ごす時間が大好きな子です。何事に対しても積極的で、いつもニコニコ明るいのはよいのですが、そそっかしい面もあり、親としてはハラハラさせられることも少なくない長男です。

一方、次男の方は食物アレルギーのため幼いころから食べられるものが限られている影響もあるのか、身長こそ高い方ではあるものの、体の線は細く、華奢な体型をしています。性格も長男とはまた違い、一人で好きなことに没頭することが多いようです。おかげで学校ではよく先生の話を聞かないと叱られているのですが、授業で描いた絵が入選するなど、意外なところで才能を発揮することがあります。もっとも、興味があることについては凝るタイプなのですが、逆に興味がないことに対しては、びっくりするぐらい適当にあしらってしまうことがあるので、こちらも親としては少し心配になることがあります。

　このように、各々個性の違う2人ではありますが、やはりどこか似ている部分もあって、いつもつまらないことでけんかして、でも切っても切れないぐらい仲良しで、やっぱり「兄弟」なのだなあとよく感じます。

　親としては、月並みではありますが、そんな2人それぞれの長所はしっかり伸ばし、短所は少なくできるように成長の手助けをしてあげたいと思っています。そのためにも、普段からコミュニケーションをしっかり取り、子どもたちのことをよく知るように心がけています。「個性に合わせた子育て」というようなフレーズをよく聞きますが、そのためには子どもたちのことをよく知っていることこそが重要なのではないかと思います。そして、子どもたちの心身の成長度合いや性格に合わせて、放任し過ぎず、押し付け過ぎずに、子どもたちの目線に合わせて接することが大事だと考えています。

　もっとも、私は子どもたちに寄り過ぎてしまい、妻から「ゼロ男、長男、次男の三兄弟！」などとからかわれることもあります。しかし、それはそれで楽しい家族で良いのかなとも思っています。

　これから2人の息子も思春期を迎え、コミュニケーションの取り方も難しくなってくるでしょうが、引き続き子どもたちの成長に合わせた子育てを心がけていきたいです。

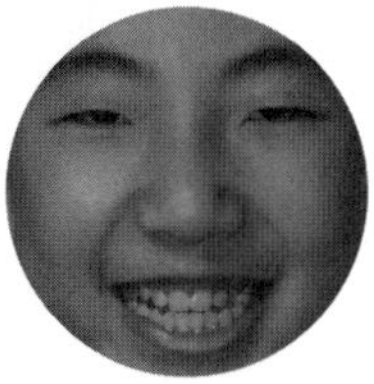

4-5
生まれてきてくれてありがとう
～不登校と向き合う～

―宮城県―女性

＊家族構成＊

●祖父　●祖母
●父　●母
●子ども４人

　わが家の家族構成は、義父母・夫・本人・子ども４人（大学生・高校生・中学生・小学生）です。

　しつけの基本の一つ目は「他人に迷惑をかけない」、二つ目は、「かけたときには、結果をしかるのではなく、原因となる言動や行動に対しての善悪を教える」です。悪いことをしたときには叱りますが、日常生活の何気ない愚痴や学校での出来事は、プラスに転じる会話手法を心掛けています。また、家族団欒の集合場所は、常に茶の間でのんびりの寛ぎスタイルです。

　ここでは、わが家のしつけ（家庭教育）を通しての経験談をお話ししたいと思います。

　当時、私はＰＴＡ会長3年目。平成26年度がスタートしてしばらく経った6月中旬の朝。ある日突然、当時中学1年生の娘が、起床時間になっても2階から降りてこない…。この日から夏休み終了まで、学校に登校することはありませんでした。いつも明るく元気に登校していた娘が一変。毎日起こしに行っても、ひと言も発せず、沈黙ばかりでした。母親の心情としては、「まさかわが子に限ってそんなことはない。」と信じきっていた気持ちが一瞬にして崩れた瞬間でもありました。

毎日仕事とＰＴＡ活動と母親業と、子育ての方法が間違っていたのかと日々自問自答の連続でした。誰に相談していいのかもわからなかったとき、ある相談センターへの一本の電話で現実と向き合うことができました。アドバイスの内容は、「決して子育てに間違いは無いし、お子さんを絶対に叱らないでください。お子さんを無理に学校へは行かせず、家庭のなかで本人がしたいようにさせてあげてください。」でした。

このアドバイスで私の心も救われた瞬間でした。今思い返してみると、あのときに、電話を掛ける勇気が無ければ、仕事もＰＴＡ会長も辞め、全てをその子のためだけに、１日中傍に居て何も進歩がなかったかも知れません。

娘は、中学1年生の夏休み明けから2学期終了までは、アクティビティルーム（自由学習の場）で心の充電をし、2年生・3年生は教室で過ごし、高校は、今現在も一日も休まずに、登校しています。

この経験があったからこそ、親も悩みながらでも、学び成長することができたと心から感謝しています。そのときに、親として、できる限りの努力をし、その子にとって何が大切か、踏み止まる充電期間と、その置かれた環境から目を反らさず向き合えたことが今となっては大きな財産として心の成長につながっています。あれから3年という月日が経ちますが、子育ては、様々に形を変え、いつどこでどんな状況になるかは未知数です。しかし、起こり得るトラブルや状況から逃げることなく、互いに向き合う気持ちや周りの支えがあり、親も成長しその子自身も成長できた体験でした。

しつけは､その家庭で様々ではありますが､その子がそのときにとった行動を責めるのではなく、そこに至った原因をまずは受け止めて、互いに心のキャッチボールを続けることも大切であるとも思えました。

「心からこの世に産まれてきてくれてありがとう。」

様々な困難があるからこそ、生きている証であり、そこを乗越えられる力があるからこそ与えられているんだということも子に伝えて行きたいと思います。

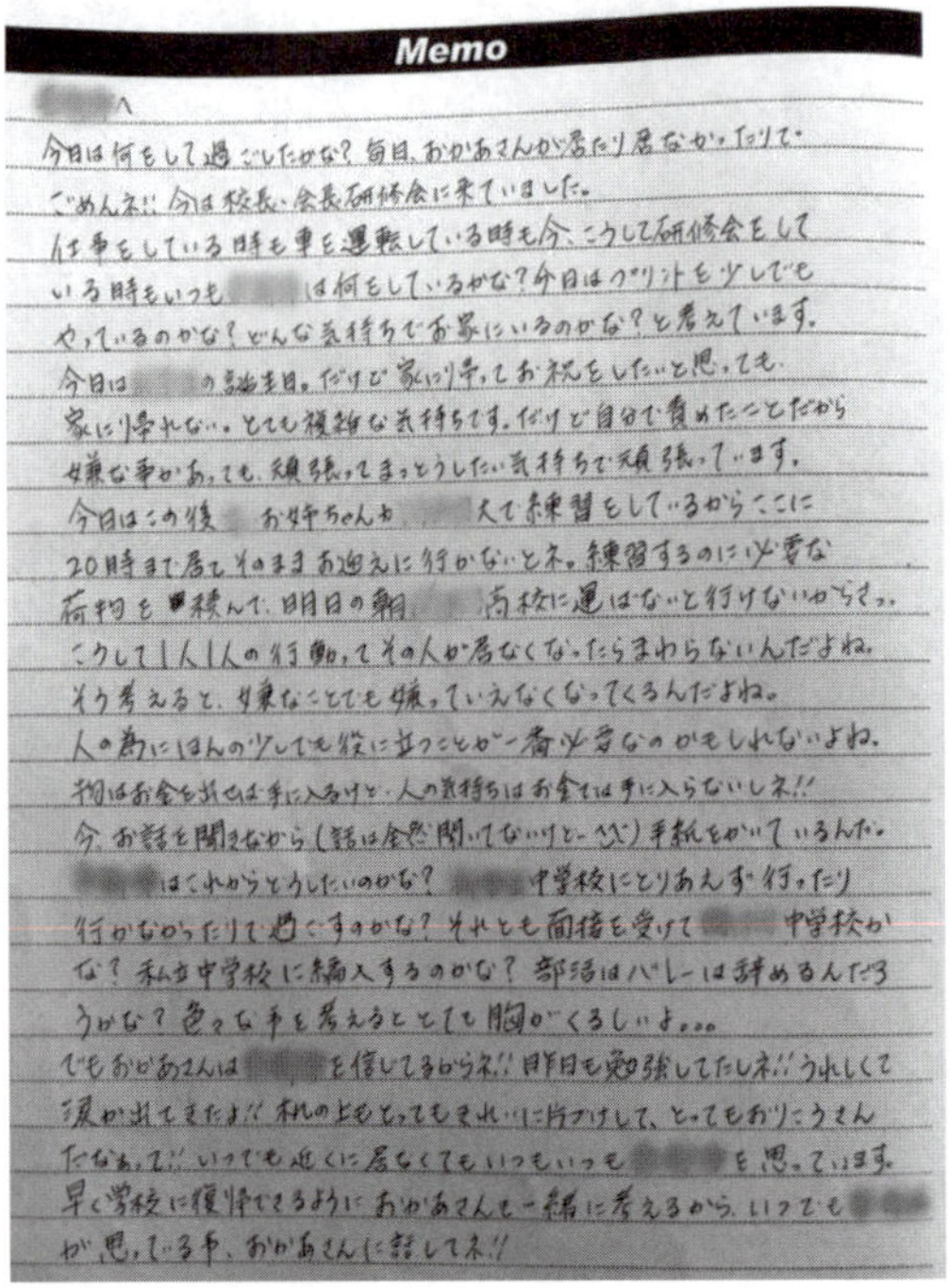
Memo

[redacted]へ
今日は何をして過ごしたかな？毎日、おかあさんが居たり居なかったりで
ごめんネ!! 今は校長・会長研修会に来ていました。
仕事をしている時も車を運転している時も今、こうして研修会をして
いる時もいつも[redacted]は何をしているかな？今日はプリントを少しでも
やっているのかな？どんな気持ちでお家にいるのかな？と考えています。
今日は[redacted]の誕生日。だけど家に帰ってお祝をしたいと思っても
家に帰れない。とても複雑な気持ちです。だけど自分で責めたことだから
嫌な事があっても、頑張ってまっとうしたい気持ちで頑張っています。
今日はこの後[redacted]お姉ちゃんが[redacted]大で練習をしているからここに
20時まで居てそのままお迎えに行かないとネ。練習するのに必要な
荷物を積んで、明日の朝[redacted]高校に運ばないと行けないからさっ。
こうして1人1人の行動ってその人が居なくなったらまわらないんだよね。
そう考えると、嫌なことでも嫌っていえなくなってくるんだよね。
人の為にほんの少しでも役に立つことが一番必要なのかもしれないよね。
物はお金を出せば手に入るけど、人の気持ちはお金では手に入らないしネ!!
今、お話を聞きながら（話は全然聞いてないけど～べ）手紙をかいているんだ。
[redacted]はこれからどうしたいのかな？[redacted]中学校にとりあえず行ったり
行かなかったりで過ごすのかな？それとも面接を受けて[redacted]中学校かな？私立中学校に編入するのかな？部活はバレーは辞めるんだろうかな？色々な事を考えるととても胸がくるしいよ…
でもおかあさんは[redacted]を信じてるからネ!! 昨日も勉強してたしネ!! うれしくて
涙が出てきたよ!! 机の上もとってもきれいに片づけして、とってもおりこうさんだなあって!! いつでも近くに居なくてもいつもいつも[redacted]を思っています。
早く学校に復帰できるようにおかあさんも一緒に考えるから、いつでも[redacted]
が思ってる事、おかあさんに話してネ!!

平成26年7月8日、校長・会長研修会の
第1部講演会時にて娘に向けてのメッセージ。

4-6 遠回りした時間

―島根県―40代―男性

＊家族構成＊

- 父（会社員）
- 母（会社員）
- 長女（高校生）
- 次女（高校生）
- 三女（中学生）
- 長男（小学生）

私には４人の子どもがいます。長女が小学６年生の３学期のある日、教頭先生から連絡があり、学校に急いで来てほしいとのことでした。当時ＰＴＡ役員をしていたこともあり、学校からの連絡には「またか」と思いましたが、いつもと様子が違うのを感じ急いで学校に行きました。

校長室に入ると校長先生、教頭先生、担任、養護教諭と待っておられ、すぐに何かあったんだと感じました。挨拶をすませ話を聞くと校長先生が予想していなかったことを話し始めました。「○○さんがカッターで手首を切りました。幸い傷が浅く今は落ち着いて保健室にいます。」不思議と話はしっかり入ってくるのですが意味が理解できず、ただただ涙が出てきたのを覚えています。落ち着いて話を聞くといじめにあっていたそうです。理由は、以前仲の良かった友だちが転校したことがきっかけだったそうです。どうやらその友だちがうちの子がいないところで「○○が誰々のことを××言ってたよ」と嘘をいろいろ言いふらしていたようです。当然、私たちも子どももそんなことは知らず、転校と同時に少しずついじめも始まっていたようでした。

当時、私たちは家庭においていろいろ子

どもたちの話を聞いていたつもりでしたが、日々の忙しさや4人の子どもの話を聞かなければいけないと勝手な理由をつけていた部分もあり、実は長女はいじめについて話せなかったようです。

いろいろ先生方と話をした後、落ち着いてから2人で帰宅しました。車の中で「大丈夫か？　どうした？」とだけ聞きました。子どもは「うん。楽になるかなと思った」と答えました。私のなかで今だに忘れられない一言でした。

その後は当たり前ですが話をする時間を今まで以上にとるようにしました。そして急かすのではなくゆっくりと時間をかけてケアするようにしました。先生方の協力もあり、無事小学校を卒業し中学校に進学しましたが、2年生の2学期中ごろから不登校になりました。原因は小学校のときと同じ理由でした。

2度目ということもあり過去を反省し、まず子どもに学校に行っても教室に入らなくてもいいと言いました。そのかわり2・3日に1回は学校に行き、保健室や相談室に送っていきました。また週に1回は教育センターに一緒に行き、親子でそれぞれカウンセリングを受けました。他に引きこもりにならないように、時間を見つけては外へ連れ出すようにしました。

高校は地元を離れ、誰も知り合いのいない学校を選び進学しました。しかし過去のこともあり、なかなかなじめず、少しずつ学校に行くことも難しくなりました。当然進級もできず、今後どうするか決断しなければいけない時期がきました。私は学校を辞めるものだと思っていましたが、子どもはもう一度1年からやり直してこの学校を卒業したいと言いました。その言葉を聞いたとき、できることは何でもしてやろうと思いました。距離的に通学、寮生活が無理だったため、学校の近くにアパートを借りました。しかし一人暮らしが禁止だったので、母親を一緒に住まわせました。私たちには子どもが4人いますから、長女を妻が、他の3人を私が見るという生活を決断しました。３人の子どもたちには辛い思いをさせたと思いますが、一度は生きることを諦め、そこから頑張ろうとしていた長女のために、親としてできることは、このときはこれしかないと思いました。その後は家族の時間も作るため毎週長女のもとへ通い、母親と話をするだけでなく、私や姉妹とも話をして息抜きできる時間をもつよう心がけました。その甲斐もあり、この春無事に高校を卒業することができました。４月からは夢だった看護師を目指し岡山で頑張ってくれると思います。

今思えば子どもが絶望したとき、私たちができたことは親として、家族として、当たり前のことばかりでした。しっかり子どもを見て話を聞き、時間を作ること、そしていつでも近くにいるという安心感を与えることでした。いろいろあって遠回りをした時間でしたが、振り返ってみれば家族の絆を深める時間だったと思います。

4-7 知りたいです！

―大分県―40代―女性
横松レイチェル
（ニュージーランド出身）

＊家族構成＊
●父（自営業）　●母（英会話講師）
●長女（高校生）　●次女（高校生）
●三女（小学生）

「今日学校はどうでしたか?」

「大丈夫」

「今日学校で何をしましたか?」

「なんも無い」

「学校に友だちはいますか?　友だちと遊びますか?」

「うん」

家で、このような会話をしたことはないですか?


親としてはわが子が、学校でどうしているのか知りたいものです。時間割、手紙、連絡帳を読むと、勉強の状況と宿題がわかります。参観日と通知表で今学期のプログレスがわかります。そして問題があれば、先生に電話することもできます。私はもっと知りたいです！　本当に、毎日の学校での生活はどうですか?　勉強はわかりますか?　友だちはいますか?　イジメにあってないですか?　授業中はちゃんと大人しいですか?　でも質問をしても、答えは短く、詳しく無いです。遊んだり、勉強していたり、いつも忙しそうで、私たちの質問に答える暇なんてありません。

詳しい答えをｇｅｔするわが家の質問にはポイントがあります。

場所は注意力散漫が無い所と時が良いです。一番大事なのは家族の晩ご飯です。テレビを消して、みんな一緒に食べます。本やゲームは車酔いになりやすいから、車の中では禁止にして話をしています。お風呂に一緒に入って話をします。私は、「風呂の中では、世界が消える」とよく言っています。最後は、寝る前、子どもと本を読んだあと、電気を消したら、学校の話をします！　絶対に子どものコメントに怒らないこと。「それをしないで、これをして」子どもは怖くなったり、恥ずかしくなると、静かになります！　アドバイスは優しく、ときにはあとで、別のときにもち出すのも良いです。

「今日の学校はどうでしたか?」より「先生が言ったことで一番面白かったのは何ですか?」とか、「今日は楽しかった?」より「今日した、一番いいことは何ですか?」とか、「あなたは誰かを手伝ったり・助けたりした?」「誰かが、あなたを手伝ったり・助けたりした?」「何が面白く無かった?　つまらないことあった?」（子どもはよく、難しいことは「面白く無い・つまらない」と言うから、この質問で、問題がわかります）。

「友達と遊んだ?」より「中休み・昼休みに、みんなはどんな遊びしていたか?」とか、「何が一番面白い遊び?　あなたの得意の遊びは?」「今日友だちと、どんな話をした?」、「先生はどうですか?」より「先生の口ぐせは何ですか?」「先生は何をしたら怒る?」「先生は何をしたら笑う?」「もし私が今、先生に電話したら、先生は、あなたのことどう言うと思います?」。

質問は、「はい・いいえ」で答えられないことを聞くようにしています。

4-8 わが家での娘とのスキンシップ（父親として）

―大分県―40代―男性

＊家族構成＊
●父　●母
●長男（高校生）　●長女（高校生）
●次男（中学生）

平成12年5月10日に待望の娘が誕生しました。長男が生まれて1年5か月で誕生したせいで、ママはまだまだ長男に付きっきりで乳を飲むとき以外は、ほぼ私との生活でした。

会話はもちろん、機嫌の悪いときでも「ハグ」が毎日の習慣です。小さいころから服を買いに行ったり、文房具を買いに行ったり、2人で食事をしたりは当たり前でした。

中学1年の春でした。「胸が大きくなったからブラジャー買いに連れてって」と娘が言ってきました。「えっ?」と思いましたが、恥ずかしながら下着屋へ。ブラとパンツを3セット！　金額は3万円。家に帰りママに報告と領収書を渡したところ「私のより高い」と怒られる始末でした。娘はニヤニヤ。今では、上下4千円だそうです。

部活は、中学からソフトボールを始めました。私が柔道をやっていた経験から、マッサージをしたところ、今では3日おきぐらいに「マッサージしてー」と首から足までやって?　やらしてもらっています！

今では高校生になりましたが、「パパ髪きってー」と言ってきます。髪を切るのも、素人の私です。もちろんショートボブです。

学校や友だち、部活のことは毎日聞いています。当然、私から話かけます。今では、さすがに風呂には一緒に入りませんが、ときどきベッドに潜り込んできます。

先日の会話
「彼氏できた?」

「できん」

「どんな彼つれてくるんかなぁ?」

「わからんけど」

「ファザコンっていわれるよ?」

「それでいいって彼見付ける」

「パパと結婚する?」

「いや」

昔は（いいよ）って言っていましたが…。

父親とは会話していないという話をよく聞きますが、私には考えられません。娘が誕生したときの嬉しさ、名前の由来なども話します。

家庭でのルールもたくさんあります。

（代表例）

9時までは、テスト前であっても必ず居間にいること
親の誕生日には、今年の反省と来年の抱負の手紙を書くこと
「パパがんばってね」って娘が手紙に書いてくれます。それで私も頑張れます。

第5章

その成長を…、その頑張りを…

自分の意見や考えを何度も検討し直して、
初めて人間は成長できるのだ
（デール・カーネギー）

5-1 ハンドボールを通して マイペースなわが子が得たもの

―群馬県―40代―女性
横倉　美香

＊家族構成＊
- 父（会社員）
- 長男（高校生）
- 次男（中学生）
- 長女（中学生）

幼稚園のころの長男は、マイペースで友だちの家に遊びに行ってもみんなで外遊びをするより、一人でおもちゃ遊びをすることが多い子どもでした。そんな長男に、体力づくりとチームでプレーをすることの意義を学んでほしく、小学校入学と同時に市内のジュニアハンドボール教室に通わせました。低・中学年のころはパス・キャッチを中心にハンドボールの基礎を楽しみながら教えてもらいました。5年生になると、楽しいハンドボールから本格的なハンドボールになりました。運動に必要な「走・跳・投」全てを全力で行わなくてはいけないため、コーチや監督の指導も厳しくなります。体力も筋力もない長男は練習についていけるのか少し心配にもなりました。それまで帰宅後は読書をしていることが多く、体育の時間では走るのが特別速いわけでもない、鉄棒では逆上がりもできなかったからです。ところが、親の心配をよそに長男はハンドボールにのめり込んでいきました。ハンドボールは7人で行うスポーツです。同級生は長男を含め14人在籍していました。スタメンで試合に出場するのには7人のなかに入らなくてはなりませんでした。練習の度に同じ内容を注意されていた長男へ、アドバイス代わりに練習風景をビデオ撮影し自己分析をしてもらいました。最初は嫌々見ていましたが、途中から長男が撮影をお願いしてくるようになりました。6年生になると「少しでも長い時間コートに立ちたい」そんな気持ちが芽生えてきたようでした。ところが、夏の三大大会（関東・東日本・全国大会）直前に「プレーに攻めの気持ちが見られない」とコーチに言われ、練習試合で真価が問われることになりました。長男はもちろん必死でゴールを目指します。焦って強引にシュートを打ちますがキーパーに止められてしまいます。それを見ていた控えの子たちが「焦るな!」と声をかけました。長男が結果を出せなければ自分がスタメン入りできるかもしれないのに、いろいろアドバイスをしています。そのおかげもありスタメン残留が決まりました。一年間、たくさんの大会・遠征に応援しに行きましたが、どの試合でもスタメン・控え関係なくベンチにいる選手はコートに立つ選手にアドバイスをする、プレー中・ハーフタイム中も8人目の選手として勝ちに行く、そんなチームでした。大会の結果は関東・東日本大会では三位、群馬県大会連覇、他県開催の大会では準優勝など結果を残すことができました。その後、小学校を卒業し、中学校ではそれぞれ敵味方となり切磋琢磨しました。高校ではハンドボール部の無い学校に進学し文化部に所属していますが、小・中学校の9年間にハンドボールで培われた身体能力は高く、運動をしていない現在でもスポーツテストではA判定、定期戦（学校対抗の体育大会）ではバレーボール選手として出場しています。ハンドボールを通して身体能力だけではなく、仲間・思いやり・目標に向けて努力する強い意志を習得してもらえたように思います。また、子どもが成長する瞬間に立ち会えたことは親としてとても幸せでした。

5-2 子どもがいじめられている ―親としてどうした？

―岩手県―40代―女性

＊家族構成＊

●父　●母
●長男（大学院）　●長女（大学生）
●次男（高校生）

スポーツをしたくて選んだはずが…

大好きなスポーツをやりたくて入学した私立中学、いじめはそこで起きました。

県内各地からスポーツをしたい生徒が入ってくる学校です。当然、生徒同士は仲間でありライバル。ユニフォームを狙ってそれぞれが努力します。小学校時代は決して強くはないスポーツチームにいた娘を成長させようとする顧問の態度の影響で、次第に部員からのいじめへと発展していきました。

最初は幼い本人もわからない胃の痛みから始まりました。親としてはまず、子どもの体を守らなければならないと思い、部活はドクターストップということでしばらく休むことにしました。しかし、そのことでますますコーチの反感を買い、休部しないように説得されたことが、結果的に彼女の気持ちを追い詰めることになり、とうとう学校に行けなくなりました。

私は親として、彼女の気持ちと命を守ることを最優先にし、学校に無理に行かせないことを選択しました。不登校です。

不登校でも学びたい葛藤

学校に行かない間、心の整理をつけさせるため、これまでの思いや訴えたいことなど、紙に書かせたりもしました。しかし、中学生として勉強が必要なのは本人が充分感じていて、学校に行けない自分に対し、引け目を感じるようになりました。教育委員会に相談したら、相当な理由がない限り、学区の公立にしか通えない、との返答。そこで学区の中学に転校する決断をし、1年生の秋ころに転校の手続きをしました。

転校先は、もともと学区の学校だったので、幼いころからの友だちもたくさんいます。しかし、スポーツを志して私立にいった彼女にしてみれば、まるで針のむしろだったと思います。それでも、勉強しに行けるならいいと、通い始めました。新しい学校でも同じ部活を選びましたが、またもやここでも顧問の差別やえこひいきが待っていました。娘の入部は、これまで培ってきた部員関係に影響を与えるものだったからです。ひずみを収めるには、娘が我慢するしかなかったのでしょうか？　公立中学に戻っても、ますます娘の心は壊れていきました。

イジメは、いじめられた本人しか「いじめ」と感じないのだと思います。娘がこんなになっても、周りに非があるわけではないと、親としていつも思っていました。しかし、目の前の娘は…今にも消えそうなくらいの命の灯と戦っているのです。誰も責められない。誰にも責任はない。しかし、娘の命がなくなりそうなほど苦しんでいる…。間違いが起こってからでは遅いのです。

頑張っている彼女だからこそ

中学2年になったあたりでしょうか。娘を毎晩抱っこして寝るようになりました。どんなにつらくても、どんなに代わってあげたいと思っても、親はどうすることもできないのです。戦っているのは本人なのです。

私はそれから、彼女の全てを認めるようにしました。「いつも全力で頑張ってるの、わかっているよ」そう言い続けました。「頑張らなくていいんだよ」なんて言葉は、人一倍努力している彼女に対しては失礼な言葉です。頑張るしかできないから、こういう生き方になっている…。そう思いました。

ナーバスな時期はそのまま受験期にも続きました。志望校を変えてしまったことも精神的にダメージが大きかったようです。

わがまま言ってもいいんだよ

高校は続けていた部活はやめ、新たな道を見出し、そこでも苦しみ悩みながらも彼女なりに全力で生きてきました。

転機となったのは、大学進学ではないでしょうか。自分で選び自分で努力した結果がでました。大学に入ってからは、外で笑顔も見られるようになり、友だちと言える相手もできたようです。

成長の変化で何よりも嬉しいのは、自宅で様々な愚痴を言うようになったことです。本人は「悪いことばかり話して自分ダメよね、どうしたんだろ」と言いますが、私にしてみれば「わがまま言ってもいいんだよ。自分の感じたこと、ようやく素直に話せるようになって良かったね！」と思います。

5-3

2分の1成人旅行 ～10歳児たちの冒険～

―富山県―40代―女性

＊家族構成＊

- **祖父**（無職）
- **祖母**（無職）
- **父**（会社員）
- **母**（会社員）
- **長男**（中学生）
- **次男**（小学生）

昨年の1月のある日のこと、次男のこんなセリフからこの企画が始まりました。「母さん、春休みにみんなで旅行に行く！　2分の1成人旅行だよ」ギャングエイジ3年生の男の子の言うこと、友だち内での盛り上がりで実現性は低いだろうとタカをくくった私は、「わかった。どんな旅行にするか、みんなで考えてね」と快諾。また、「親の許可が必須」、「親は仕事があるので週末の日帰り」等、いくつかの注意をしました。

次男のとった最初の行動は、行き先希望アンケートでした（写真1）。

「どこへ行きますか、はこからえらんでください。」

> 青森・秋田・…以下各県…広島・山口のどれかです。

大人が見ると唖然とするこの内容も、本人は大真面目。答えるメンバーも大真面目でした。

次男が通う小学校は全校児童が90名ほどの非常に小規模な学

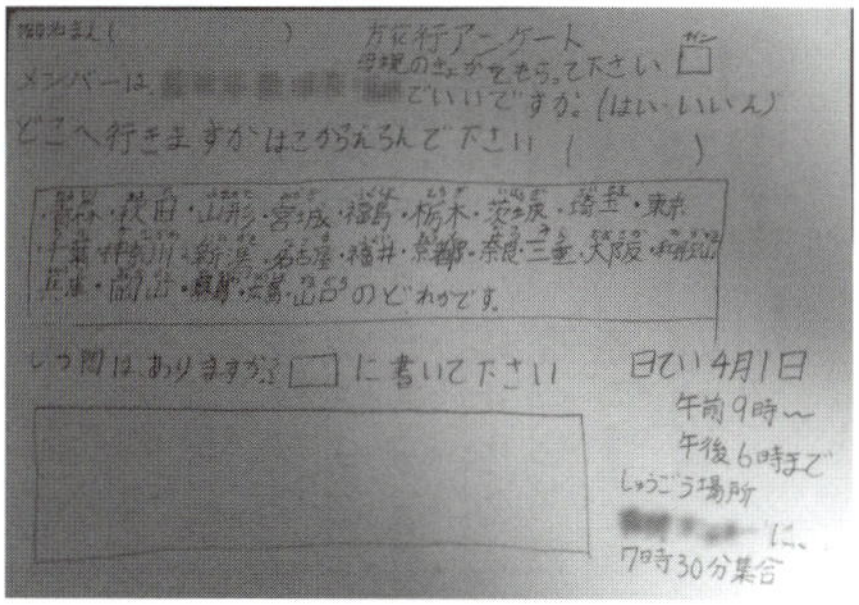

写真1

校です。全学年1クラス。次男の学年は、18名。うち男子12名、女子6名。一緒に旅行するメンバーは、仲良し男子6人でと決めていたようです。

旅行の企画について、次男は何回かアンケートをとりました。行き先は東京か京都に絞られました。3人対3人という段階でも、まだアンケートをとろうとしていたので、「何かを決めるときにアンケートは一つの方法となるものだけど、みんなが納得するまでしっかりと話し合いをすることも大事だよ」と、そんなふうに次男に話しました。どんな話し合いがされたのでしょうか、過程はわかりませんが、行き先は東京に落ち着きました。行き先が東京に決まってからも、さらにアンケートや話し合いが繰り返され、行きたい場所の選定がなされました。次男は事前に「2分の1成人旅行のしおり」も作って、メンバーに配布しました（写真2）。

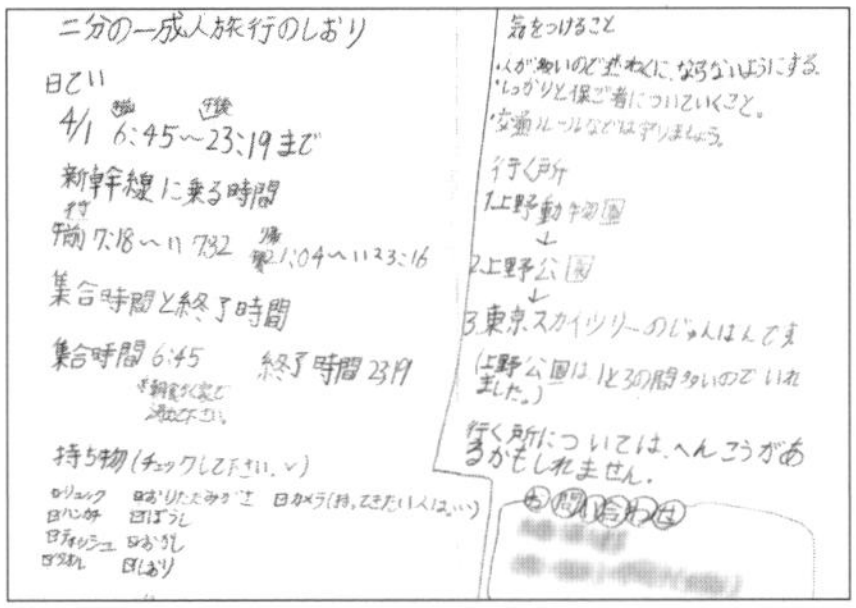

写真２

旅行日は4月1日。行き先は東京。目的地は上野動物園とスカイツリー！

朝、ピカピカの北陸新幹線「かがやき」に乗りこんだら、夢の一日の始まりでした。子どもたちは、滅多に見ない多くの人にも地下鉄にも高層ビルにも物怖じせず、一つ一つ興味のあるものに立ち止まり、目を輝かせ、喋って、笑って、写真を撮って、自由に行動し、たくさんの経験ができました。私たち大人は、できるだけ好きなように行動させてあげました。今回少し残念だったのは、現地での移動手段、すなわち地下鉄やバスなどの公共交通機関を全部大人に頼っていたことです。次の機会には、ぜひ自分たちで調べてもらえたらと思います。

さて、富山駅に戻った一行に次男が配った

ものは…「旅行の感想」プリント！　…学校教育に感化されているようですが、メンバーは大真面目に回答を寄せてくれました。全部宝物になっています。

次男が、どこまで親のバックアップを認識していたかはわかりません。しかし自ら企画・調整した友だちとの旅行は、とにかく楽しかったようです。大好きな友だちと共に話し合い、協力し、そして共にたくましく成長し、自立してほしいと願っています。

先日、小学校で「2分の1成人式」が行われました。次男の手紙には「この後の子どもの10年も、どうぞよろしくお願いします。」とありました。しかし、彼が言うよりも早く大人になりそうな気がしています。

5-4 子どもが発達障害かも、そのとき、親として

―福井県―50代―女性

＊家族構成＊
●祖父（自営業）●祖母（自営業）
●父（会社員）●母（会社員）
●長男（高校生）●次男（中学生）

「お子さんに発達障害の疑いがあります。」と告げられたのは、子どもが保育園のころでした。

その子は、何度注意しても口の中に物が残っているにもかかわらず食べ物を指で押し込み、揚げ句に吐いてしまうことが日常でした。初めての子どもだったので、指示が通りにくくても「子育てってこんなもの」と思っていました。しかし、「お母さんの言葉、聞いてる？　何度、同じことを言ったらわかるの⁉」と毎日毎食、言い続ける腹立たしさ、同居の家族からも「同じフレーズで怒っているのを聞くのも腹立たしい」と言われる孤独感、同じ言語を話しているはずなのにベール一枚分、意思疎通ができていないようなもどかしさ…。ストレスが積み重なる日々でした。

そのようななかで告知を受けた瞬間、今までのモヤモヤが一気にストンと胸に落ちました。言葉が届かないのには理由があったのです！　と同時に、そのように産んでしまったのだという申し訳なさで胸がいっぱいになりました。しかし同席されていたカウンセラーの方から「お母さん、一番がんばっているのはお子さんですよ。」という言葉をいただき、「下を向いてはいけない、子どものために進まなければ。」と思い直しました。保育園と

カウンセラーとを交えての今後についての話し合い、診断を受けるために医療機関への訪問など一つずつ経ていく手続きのなか、家族への告知を行いました。「考えすぎなのではないのか?」「少し変わっているだけで、子どもを障害者と決めつけてどうする。」「治る病気なのか?」など、『発達障害』という概念の理解も含めて家族へ説明する作業は、精神的にとても大きな負担を伴うものでした。しかし、心の拠り所となる家族からの孤立を防ぐために粘り強く行いました。

告知を受けた保護者がしなければならないこと、それは子どもの特性を受け入れることに尽きると思います。そのうえでなければ、学校・医療機関との連携も必要な援助も受けることができません。一番困るのは子どもなのです。保育園から開始された支援は、ときにはギョッとする問題行動に悩まされても、時間をかけ、学校(保育園)・医療機関とそれぞれと話し合いを行いながらスムーズに進めることができました。

今は高校生となり、自立に向けた準備が始まりました。他人の気持ちがわからず、人一倍苦労することもあるかもと心配はつきませんが、「お母さん、一番がんばっているのはお子さんなのですよ」と言われた言葉を忘れず、これからも子どもにとって何が必要なのかを考えながら、子どもと共に歩んでいきたいと思います。

5-5 大切にしている3つのこと

―鳥取県―40代―女性

＊家族構成＊
- 祖母（無職）
- 母（会社員）
- 長女（高校生）
- 長男（中学生）

ときには顔も見せて

「子どもは親の言うことは聞かないけれど、親のすることはする」。だから、自分ができていないことを、子どもに「するように」強く言うのは難しいことです。そして、本当に子どもたちは見ています。親のすることを。だからこそ、これまで「子どもは親の背中を見て育つ」と言われてきたのだと思います。でも、背中だけで、本当に子どもに伝わっていますか？　子育てだって、仕事だって、PTA活動だって、遊びだって、それを楽しんでやっているのか、面倒でもやらなくてはならないことだからやっているのか、しんどいけれど歯を食いしばってやりぬこうとしているのか、顔も見せてあげないと、本当のところは伝わらないのかもしれません。やっていることだけでなく、やっているときの気持ちも、子どもたちに伝えることができれば、いつもそう思っています。

期待より信頼

薔薇ノ木ニ　薔薇ノ花咲ク　ナニゴトノ不
思議ナケレド（北原白秋）

バラの木にバラの花が咲くのは、そう当たり前のことです。でも、わが子がつけようとしている花は、バラでしょうか？　ひょっとしたら、チューリップかも、ヒマワリかも、サクラかも、タンポポかもしれません。それなのに、大輪の真っ赤なバラが咲くのを夢見て、今日も必死にバラの肥料を与えてはいないか？　ある日、そのような疑問を持ちました。自分の子どもということは百も承知のうえで、それでも、「ナニモノ」かになるかもしれないと期待を抱き、目をかけ、手をかけ、言葉をかけます。そして、「こんなはずではない」と落ち込んでみたりもします。でも、そんな時間はもったいないです。それより、子どもが何か一生懸命取り組めるものを探すために、様々な体験をしたほうがいいのではないか、きっと自分の力で、何かを見つけるはずと「信じる」ことにしました。たとえ、得意なものやりたいことが、世の中的に評価されたり、お金になったりしなくてもかまいません。生きている喜び、生きていく楽しみ、それさえ失わなければ、「ナニモノ」にならなくてもいい、そう思えるようになりました。

「待つ」こと

「人がやりたいことをやれるように助けるのは、やってあげるよりもむずかしい」。子育てのなかで、多くの保護者が同じように感じてきたと思います。服を着替えるのも、靴を履くのも、急いでいるときは、どうしても手を出したくなるのを、どれだけ「待つ」ことができるか、ここが肝です。これが、なかなかできません。でも、手を出すことは、本人から「できるようになること」、「できる力」を奪ってしまいます。

信じること、待つこと、迷っていたら話を聴くこと、そして私自身が人生を楽しむこと、私が親として、一人の人間として大切にしていることです。

5-6 究極のほめ言葉
～信じてくれる存在が必要～

―長崎県―50代―男性
本田　勝一郎

＊家族構成＊
●父（公務員）　●母（主婦）
●長男（大学生）　●次男（高校生）
●長女（中学生）

私は、４年前まで長崎市教育委員会生涯学習課でＰＴＡを担当し、少人数による話し合い活動「ファミリープログラム」を進めていました。

ある日、保育園で保護者を前に、「子どもにかけるほめ言葉を5つ書いてください」とお願いしました。すると、あるお母さんが一生懸命考えて「3つしか書けません。うちの子にはいいところがありません」と言ったのです。その3つとは、「できたね」「すごいね」「良かったね」でした。私は、「一体、子どものどこを見てるんだ」と腹立たしく感じましたが、その後、そんな人たちが多いことを知りました。子どもへの接し方を習ったり学んだりする機会がないから、仕方ない面もあるとわかったのです。だからこそ、親になって子育てを学ぶ機会が必要だと実感しました。

よく考えると、先ほどの3つのほめ言葉には共通点があると思いました。それは、「良い結果が出たときに言う言葉」ということです。ほめるということを、何かできたときに言うものと勘違いしている人が多いように感じます。それなら、勉強や運動が苦手な子どもは、ほめられないのは当たり前で、自己肯定感が下がるのもわかります。

そこで、「よし、できなくても伝わるほめ

言葉を多くの人に気付いてもらおう」と決意し、いろいろな人を対象に研修を行いました。一番びっくりしたのは、保育士さんたち。流石でした。ほめ言葉をいっぱいあげてくださいました。そして、私なりに次のように分類してみました。

○経過を見て…頑張ってるね
○当たり前のこと…できるね　えらいね
○ありのまま…やさしいね　それでいい
○Ｉメッセージ…私は〜思うよ　嬉しい
○励まし・期待…次〜すればできるさ

こんなふうに考えると、できるとかできないとかは関係なく、気持ちさえあれば何とでもほめることができると思います。ありのままを見て、伸びてほしいという思いを言葉にすれば、子どもたちには伝わるのです。

わが子と「ドラえもん」を見ていたとき、のび太がいつも言ってる「だめだよ。無理だ。できない」は、誰の心にもあるなあと感じました。自信がなく、挑戦しようとしない臆病なのび太を温かく包み込み、そっと背中を押す言葉。

それは、「大丈夫。できるよ。やってごらん」。ドラえもんは、いろんなグッズを渡してのび太にチャレンジさせますが、私たちは、子どもを信じて壁を乗り越えさせたいものです。

次男が中学生のとき、テストの日の朝、自信なさそうに緊張した表情をしていたので、私は子どもの顔をまじまじと見て言ってみました。

「お前、今日、なんかいいな。いい雰囲気出てるぞ」すると、「何で?」と聞くので、「いや、何となくそう思う」と答えたら、息子はニヤッとして、嬉しそうに言いました。

「そうね。俺、何となくできそうな気がしてきたわ。頑張ってくるけん」と言って出て行きました。そのとき、私は、根拠が必要なのではない。信じてくれる存在こそが必要なのだと改めて実感しました。わが家の究極のほめ言葉です。

5-7 障害のある子どもを育てるということ

―福岡県―40代―女性

＊家族構成＊
●父（会社員）●母（専業主婦）
●長女（大学生）●次女（中学生）

長女は、初孫のうえ仮死状態で生まれてきたので、毎日の成長を感謝する日々を過ごしていました。そして、次女は、流産の後に待ち望んで生まれてきました。お産は軽かったものの寝つきは悪く、2時間おきに目を覚ます子どもでした。そんな次女に障害があるとわかったのは3歳になったころでした。

3歳児検診のための自宅検査が難しく、小児科の先生に相談したところ「わいわい子育て相談」を勧められました。相談に行くと、次は「療育センターで診察を。」と言われ、予約は2か月先でした。しかし、キャンセルが出たのですぐに診察を受けることができました。そこで、「知的障害を伴う自閉症」と言われました。長女と比べると言葉の遅れは気になっていましたが、運動能力は次女のほうが高かったので、「知的障害、自閉症」と言われても何を言われているのかわかりませんでした。最初は戸惑うばかりでした。書籍やインターネットでどういう障害なのか調べたり、療育センターの母子通園に通ったりしました。長女はまだ年中さんだったので、妹に障害があると言っても理解できていませんでした。というより、長女にとっては妹の障害は何でもないことのようでした。長女は、言葉が出ずにかんしゃくを起こす妹の気持ちを代弁してくれたり、目を離すとすぐいなくなる妹のそばにいつも居てくれたりしました。そのため、長女には早くから携帯電話を持たせていました。長女にとって携帯電話は、妹が迷子になったときの連絡手段で、なるべく使いたくないものでした。友だちの家庭と少し違うわが家の生活を、今では笑って話せる長女も、妹の態度につらい思いをしたこともありました。それでも、次女に障害があることをできるだけ隠さずに生活をしています。なぜなら、次女もいつか自立をして社会の一員になってもらいたいからです。そのためには、たくさんの方の理解と協力が必要になります。

　家族の環境も変わりました。長女は大学進学のため県外で一人暮らしをしています。姉のいなくなった生活に慣れず、しばらく体調を崩していた次女でしたが、今はたまに会えることを楽しみにしています。次女の障害の特性も成長と共に変化しています。会話のほとんどなかった幼少期でしたが、今は違います。できることも増えましたが、できなくなってしまったことも増えました。

　障害のある子どもを育てると言っても、姉妹同じように育て、障害があるからと特別なことはしていません。定着に時間がかかるので、同じことを何度も教えたり、やってほしくないことは大げさに叱ったりします。子育ての正解はわかりませんが次女は元気に成長しています。これからも周りに助けられながら、わが家流の子育てを実践していきます。

5-8 遊びの延長から身に付くお手伝い

―大分県―40代―女性

＊家族構成＊
●父（自営業）●母（会社員）
●長男（中学生）●長女（小学生）

子どもが小さいころから不便な思いをしないように、手伝いを通して生きる術を教えたい、誰かが何かをしているときに、一緒にできることはないかと、自分で気付く気持ちを育てたい、と私はいつも願ってきました。

「お手伝いしなさい。」と言っても、きっと子どもは「何をすればいいの？」と思うでしょう。そこで、幼いころは、遊びの延長でできる内容を考えてみました。そのなかのいくつかを紹介します。

1つ目、子どもの好きな水遊びです。ホースの水を窓に向けて当ててもらいます。これだけで窓掃除のお手伝いができます。その手伝いを夫に報告し、夫はそのことについて子どもをほめます。このようにして、手伝いをすることは良いことなんだと気付かせるのです。子どもにとってみれば、手伝いというよりもただ遊んでいるだけですが、親にとっては大いに役に立っているのです。

2つ目は、ごっこ遊びです。ファミレスの店員になってもらい、料理や皿などテーブルに運んでもらいます。娘は店員になりきり、丁寧にあいさつをしてオーダーをとります。時間はかかりますが、楽しそうに店員を演じます。慣れてくると、「ママもお客様になって。」と言い、娘一人でしてくれます。これもお手伝いです。私は「お手伝いありがとう。」と、笑顔で感謝の気持ちを伝えます。

3つ目は、祖父母がかけてくれる感謝の言葉です。祖父母は海や山へ子どもを連れて行ったときに、よく子どもに手伝ってもらいます。子どもはただ走り回って遊んでいるだけですが、少したつと「今日は助かったあ。手伝ってくれてありがとう。」と、やさしくほめてくれます。とてもありがたい言葉で、子どもがとても嬉しがります。

もう一つ、クジで決める掃除分担です。少し年齢が上がると、私は息子、娘でクジを引き、一週間の掃除分担を決めています。どれを引いてもゲームなので必ずしてくれます。わからないことは子どもの方から聞いてくるので、掃除の仕方を教えるとすぐ覚えていきます。しかし、トイレ掃除ばかり引く娘は、さすがにやる気をなくしてしまいゲーム終了ということもあります。

このように、「遊び」の感覚で手伝いができないかといろいろ工夫しました。最近、娘や息子が、「自分で何をしたらよいか気付く」ようになってきたなあ、と成長を感じています。娘は、私の慌ただしさに気付き、「ママ、（仕事に行く）準備していいよ。」と皿洗いをしてくれることがあります。中2の息子は、皿洗いをお願いすると、部活動のない日にと決め、カレンダーに印をつけて実行してくれています。自分で考え、家庭訪問の朝には玄関を掃いてくれたり、排水口のゴミを取ってくれたりします。私は、このような子どもの小さな成長を見付けると、すぐに言葉で感謝を伝えています。

昨年のクリスマス、何気なくお手伝い券がほしいと息子に言うと、手作りの券を数枚くれました。なぜ使わないのかと聞かれますが、その気持ちが嬉しくて大切にとっています。

遊びの延長から身に付いたお手伝い、今も楽しく心を動かせることはないかと考えています。おかげで気付く心も育っています。

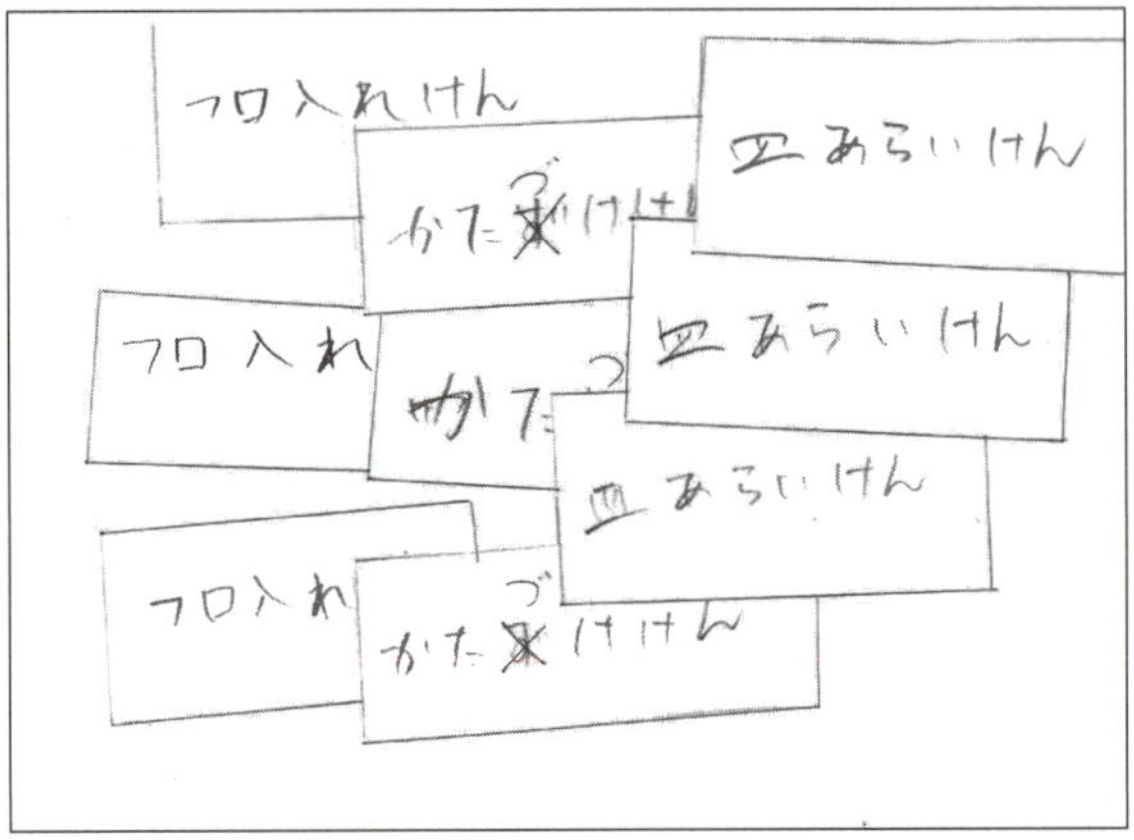
フロ入れけん
皿あらいけん
かたづけけん
フロ入れ
皿あらいけん
皿あらいけん
フロ入れ
かたづけけん

第6章

反省をして…、認めて…

過まれるを改むる善の、これより大きなるなし
（慈円）

6-1

子どもを信じて見守ること ～プレッシャーを与えた私の反省～

―千葉県―40代―女性
奈賀 綾子

＊家族構成＊

- 父（会社員）
- 母（幼稚園教諭）
- 長男（大学生）
- 長女（中学生）

息子が小学校に入学してしばらくすると、担任の先生から「休み時間に外へ出てお友だちと遊ぶより、教室で好きな本を読んで過ごすことが多い。」と聞かされました。先生からは「本を読むことは素晴らしいこと。でも、小学生時代に友だちと群れて遊ぶこともとても大切。指導が難しいところです。」と言われました。今思えば、本人の好きなように過ごさせてやればよかったとわかるのですが、そのときはそうは思えず、私は息子に「本はお家で読みなさい。学校ではお友だちと元気に外で遊ぶのよ。」と言いました。結果、息子は外で遊ぶようになりました。同じような

ことがまだあります。私は当時、男の子にはスポーツ系の習い事をさせるのが当たり前だと思っていたので、一通りのスポーツ教室に通わせました。息子はどれも楽しく通っていましたし、やめたいとは言いませんでしたが、1番好きだったのは塾でした。作文で1等賞をとったり、漢字のテストがずっと満点だったり、計算が早くて褒められたりすることが、とても嬉しく自信になっていたのだと思います。男の子はこうあるべきという固定観念にとらわれていた私も、息子が小学3年生くらいになると気が付きました。好きなことをやらせてやるべきではないかと。そこで

本人に、どのお稽古を続けたいか聞きました。するど、スポーツ系は全部やめたいと言いました。私は、やっぱりそうかという気持ちと、残念に思う気持ちとの間で葛藤しましたが、本人の意思を尊重することに決めました。希望通り塾をひとつだけ残した結果、当然のように中学受験をし、中高一貫校へ入学することになりました。このころにはもう、息子にはテニス部に入ってほしいという気持ちは少しももっていませんでしたが、息子が選んだ部活はテニス部でした。テニス部ではレギュラーにはなれませんでしたが、朝も午後も練習を休むことなく3年間続けました。そのまま高校でもテニス部を続けるだろうと思っていましたが、息子は「高校からは美術部と文芸部をやる。」と。私は、どうして中学でテニス部を選んだのか、このとき初めて息子に尋ねました。返ってきた答えは「母さんが喜ぶと思ったから。」私はこのとき、心から反省しました。子どもが母親を喜ばせたい、認めてほしいと思うのは当然で、私は息子に無言の圧力をかけていたのかもしれないと。私は息子が15歳になってようやく「あなたのやりたいことを思い切りやりなさい。お母さんがどう思うかは考えなくていいから。」と伝えました。高校生になった息子は、好きな本を読み、小説を書き、絵を描き、大学生になった現在は、人形劇の台本を書いています。アルバイトも本屋さんです。6歳下の娘には、息子の子育てでの反省点も踏まえ、彼女がやりたいということをやらせ、見守る姿勢をとっています。それでも「ママが喜ぶと思ったから。」と、自分のキャパ以上のことに挑戦し、疲れてしまっている娘を見ると、子育ては本当に難しいと痛感します。

私が、わが子のために親として心がけていること。それは「子どもを信じて見守ること」それだけです。

6-2 個性と向き合う子育て

―埼玉県―40代―女性

＊家族構成＊

●父（会社員）　●母（パート）
●長男（高校生）　●次男（小学生）

わが家には4歳差の息子たちがいます。同じ家庭で、同性で、そして同じように育ててきたつもりですが、2人の性格は正反対。ですから同じような言葉がけや行動はとれません。人はそれぞれ性格が違いますから、親子といえども「合う・合わない」があります。もちろん、子どものことは夫婦で話し合い解決に導くと考えていますが、わが家の場合、長男は主人、次男は私という風に暗黙の了解で子どもたちを「担当」しています。

お兄ちゃんは頑固だけれど真面目、地味だけれどしっかりとやり遂げる子で、家庭訪問や教育相談で先生から言われる言葉はいつも

「学校では特に問題はありません」でした。ですが自己主張が少なく、意見や気持ちを話さない彼に私はいらいらすることが多くなり、当然のことながら長男も口をつぐむことが多くなりました。

そこに夫の登場です。自分のやりたいことは決まっているけれど、なかなか口を開かない長男が口を開くまで、ときには手紙、ときにはメールと手を変え品を変え、長男の心を解きほぐしていきます。落ち着いてくると長男は自分から私に話をしてくれるようになります。

次男は長男とは正反対。根は真面目です

が、一度つまずくとほったらかしになってしまい、宿題や課題をためて先生に怒られるという子です。学校からの手紙を出す、宿題をやる、忘れ物をしない、時間を守る、という当たり前のことをできない次男に夫は我慢がならないらしく、怒り出してしまいます。次男は物の優先順位を考えるのが得意ではありません。ですから私が順番を教え、宿題をやる時間や、遊びから帰ってくる時間を約束させることで、彼も頭の中が整理され、スムーズに行動できるようになるのです。

　小学校中学年から自分の思う通りにいかなくて自信をなくしていた次男、高校受験で初めての挫折を味わい投げやりになっていた長男。夫と私で子どもの性格を考えたうえで、それぞれにアドバイスを送ったことで長男は無事に高校に進学し、自分の目標を自分で決めて邁進しています。そして次男も、当たり前のことを自分なりにできるようになったことで少しずつ自分に自信をつけ、今まではチャレンジすることも考えなかったことにチャレンジをして成功させることができました。2人とも今でも「自信はないけど…」と言いますが、壁を乗り越えてきた2人の表情は以前のそれとは全然違います。そして「自信はないけど…」の後に「でもやってみる」と続くのです。

　わが子に対して夫婦で担当を作るなんて、と思われるかもしれませんが、私たちは過去に間違った言葉がけや行動で子どもたちを傷つけたことがありました。その間違いから、今では子どもの個性をよりわかってやれる方が橋渡しをすることで家族間がスムーズになると考えています。

6-3 ゆうちゃん夢中探しの旅

一富山県一50代一男性
水谷　千万夫

＊家族構成＊
- 祖母・父・母・長男（社会人）
- 次男（専門学校生）
- 長女（中学生）

夢中になるって素晴らしい！　でも、探して探して見つけた夢は、もっともっと素晴らしい！

わが家の長男ゆうちゃんは、小学生のときに「電車」の魅力に心を奪われました。もともと凝り性で、夢中になれることを見つけると、干支の亥（イノシシ）の通り猪突猛進です。早起きすると近くに走っている電車を一人で見に行ってしまいます。家にいないことに気が付いて、家族で探しに行くこともしばしばありました。

買ってもらうものは電車グッズばかりで、毎日それを眺めてはニコニコご満悦です。時刻表を常に持ち歩き、電車の研究にも余念がありません。友だちからは電車博士の称号をもらい、電車と言えばゆうちゃんと、その地位を確立させていきました。親は内心呆れながらも、キラキラ笑顔で明るく飛び跳ねるゆうちゃんを微笑ましく思っていました。

しかし、中学生になるとその状況は一変します。

中学生になり電車から卒業したゆうちゃんから、次第に明るさとキラキラ笑顔が消えていきます。

自分で選んだ部活動にだんだん行かなくなり…学校では話もしなくなり、友だちからは影が薄いと言われるように…。家ではゲームやパソコンに向かう時間が多くなり…、家族との会話もほとんど無くなり…。

思春期の子どもにどう話しかけたらよいか悩む親としては、口から出るのは叱りつける言葉ばかりでした。「勉強はしたの?」「ゲームばかりやってるんじゃないの?」「中学生だからやるべきことを考えなさい!」。あんなに明るく元気な子どもだったのに、どうしてこうなったのか、親は悩む日々が続きました。

そのようなとき、思いもかけずゆうちゃんが頑張っている姿を見つけます。3年生になったときの合唱コンクールでのこと、大人しく影が薄いゆうちゃんが、クラスで一番大きな声で歌う姿を目の当たりにしました。その大きな声は、もがいているけど何かを一生懸命やりたいんだというメッセージに聞こえてなりませんでした。夢中になれることを探していて、見つけていないけれど絶対見つけてやるという決意に聞こえてきました。大人になるために、夢中探しの旅に出ていたゆうちゃんの気持ちを全く理解していなかったことを悔いました。その後、親は方向転換、寄り添って大人になっても夢中になれることを見付けよう! これが親子のテーマになりました。次第にゆうちゃんとの会話も増えていきました。

高校生になったゆうちゃんは、とうとう探し当ててきました。クラリネットという楽器、つまり吹奏楽に夢中になったのです。キラキラ笑顔は元に戻り、部活動三昧の日々。学校でも練習、家でも練習、部屋には音楽グッズばかり。勉強ももうちょっとしないかなと呆れましたが、上達し自信に満ち溢れる姿に、親は心から嬉しく思いました。

高校を卒業して社会人となったゆうちゃんは、今でも変わらず吹奏楽に夢中です。でも、今は恋愛にも夢中になっているのかな? それも親として嬉しい限りです。

6-4 夢の途中
～親の夢から子どもの夢へ～

京都府 40代 女性
高田 優美

＊家族構成＊
●父 ●母 ●長男

息子がある日、0歳から通っていた塾を辞めたいと言いだしたのです。もっと勉強しておけば良かったと思う親の夢を託し、赤ちゃんから塾に通わせていました。中学は受験をして良い大学へ行かせる、子どもの未来をそんな風に描いていたのです。

ところが、8歳のときに参加した野球体験の日から全てが変わりはじめます。頭のなかは野球ばかり、あれほど好きだったゲーム機には埃がかぶり、塾から脱走して野球へ行こうとする毎日。これまで親を困らせたことのない息子の変わりように、私たちは慌てました。

塾は週4日で野球は週5日、両方というわけにはいきません。言い争いの日々は1か月近く続き、家のなかは暗く顔を合わせれば喧嘩ばかりしていました。

そんなある日、「お母さん、学校行きたくない。」と息子が泣いているのです。イジメにでもあっているのかと聞いてみると、「一日中野球をしていたいから学校へ行っている時間がもったいない、もっと上手くなりたいし友だちに早く追い付きたいから」と言うのです。

その涙を見たときに、私は自分の夢を押し付けて、息子が頑張ろうとしていることを邪魔していたのだと気付きました。やりたいことを思いっきりやらせよう！　塾を辞めさせる決心がついたのです。

お腹にいたときからずっと一緒。片時も私から離れず、1日中抱っこをして育てた息子です。笑った顔も困った顔も全部知っている、息子のことは誰よりも私がわかっていると思っていましたが、小学生になった息子は、毎日様々な刺激を受けて成長し、いつのまにか親から与えられたものではない、夢中になれるものを自分で見付けていたのです。

子どもには夢をもってほしいと言いつつ、「お医者さんになりたい」とか「先生になりたい」なら良くて、「プロ野球選手になりたい」とか「スノーボーダーになりたい」と言いだしたら、そんな夢みたいなこと言ってないで勉強しなさいと言ってしまう。夢に良いも悪いもないのに、私は自分が安心したいために安心できる未来を息子に押し付けていたのです。

自分の夢を子どもに託すのではなく、子どものみたい夢を一緒にみる。子どもが夢中になっているものを頭ごなしに否定するのではなく、知ろうとしてみる。そうするうちに、いつのまにかそれが私の夢になり、家族の夢になっていきました。

息子の夢、はたしてどこまでいけるかわかりません。でも、少年時代に家族で追いかけたこの時間は、きっと将来息子の心をいつまでも支えてくれるものになるだろうし、私たちにとっても、息子と同じ夢をみて過ごしたこの時間は、かけがえのない宝物になると確信しています。

まだまだ夢の途中。未来への希望をいっぱいに、親も子も充実した日々を過ごしています。

6-5 ありのままを認める
～いじめ加害者　親としてできること～

―長崎県―40代―女性

私が子育ての問題に直面したとき、思い出す言葉です。当り前のことのようで、ときに試されているかのように感じるときもあります。

私は、男の子ばかり3人の母親です。学校には3人もお世話になるので、ＰＴＡの役員で恩返しになればと思い、本部の副会長を経て、小学校の会長をさせていただいておりました。

次男が中学2年生のときのことです。思春期真っ只中、家では表情が暗く、あまり話もしなくなっていました。ただそのときは、思春期ならではの行動としか思っていませんでした。

＊家族構成＊

- **父**（自営業）
- **母**（幼稚園教諭）
- **長男**（大学生）
- **次男**（高校生）
- **三男**（中学生）

ある日、同じクラスのA君の筆箱が無くなり、次男のカバンから見つかったのです。そのとき、いじめが発覚しました。

先生によると、2週間も前から、もう1人のB君と一緒に、叩く蹴る、言葉の暴力でいじめを続けていたそうです。

その話を聞いたとき、全身の力が抜けてしまうほどの衝撃を受けました。自分の子育てを悔やみ、同時に被害者の方への申し訳なさでいっぱいになりました。

ただ、いじめをしたわが子にも、今、適切な言葉をかけなければならない。「何を言えば正解なのか？　叱責か？　慰めか？」答えはわからないまま、次男のもとへ行きました。やはり、感情的になりましたが、被害者のA君の気持ち、いじめを続けていた自分の気持ちを言わせると、次男自身も苦しさを抱えていたことを知りました。最後に「これであなたはいじめっ子というレッテルを貼られる。でも、それはあえて受けないといけないこと。だから、学校だけは絶対に行きなさい！」と伝えました。

次男はそのことをしっかり受け止め、その後、学校へは休まず行きました。

それから、被害者のA君とご家族にお詫びをしたいと担任の先生にお願いし、後日、校長室にて、その場を設けていただきました。

A君が受けた心の傷は一生消えることはなく、何度お詫びしても許されることではないのですが、謝罪しなければ、次男も前には進めないと思いました。私は土下座して、お詫びを申し上げ、わが子にも未来を歩ませることをお許し願いました。A君のご家族はそのことを承認してくださいました。

そこで、けじめをつけ、次男がこれから踏み出す一歩のため、私自身の子育てを振り返りました。それこそ産まれたときのことから…。

次男は元々、優しい子でした。その良さは認めていたのですが、私は言葉にして伝えていなかったのです。3人兄弟の真ん中で、一番認められたい気持ちが強いはずなのに、そのことを満たしてあげることを母親の私はやっていなかったと気付きました。深く反省しました。

それからは、些細なこともポジティブな言葉にして伝えていくことを心がけました。その後、次男は夢を語れる子に成長してくれました。

「ありのままを認める」－このような大きな問題を起こしたわが子をどう受け止め、認めるかが試練でしたが、犯した事実から逃げずにしっかり反省させ、これからの明るい未来を示してあげることこそ、親の務めと信じています。

6-6
不登校　さなぎになった長女
～私の「ものさし」から脱却するまで～

―福岡県―50代―女性
杉浦しのぶ

＊家族構成＊
- ●父（公務員）
- ●母（財団職員）
- ●長男（成人）
- ●長女（定時制高校）
- ●次女（成人）

高校1年の冬休み明け、娘は学校に行かなくなりました。

高校は隣の学区にある彼女が望んだ学科。学区制のあるわが県では、その高校に入るためには学校長推薦が必要でしたが、生徒会や部活動でも活躍し先生方の信頼も厚く、なんでもそつなくこなす娘でしたので、学校推薦をいただき入学することになりました。

そんな自慢の娘が学校に行くことを拒むなんて…「きっと冬休みの課題が出来上がってないからだ！」と私は安易にそう思ってしまったのです。その不安を取り除いてあげることで学校に行くだろうと思っていましたが、娘は動きません！　動き出すどころか病的になってきて、「適応障害」という病名が付きました。家族も担任も娘に良かれと思ってしたことが、かえって追い詰めてしまったようです。

よく考えてみたら、ここまで私は「なんで学校に行きたくないのか？」という根本的な理由を聴くことなく、娘のことは私が一番知っているし理解していると思い込んでいたのです。その後、娘は高校を退学しました。なんでも完璧にできていた娘は、失敗を恐れてしまい、できて当たり前と思う私の「ものさし」が娘にとっての基本となり、できない自分に×を付け、どんどん自尊感情が落ちていったのでした。ここから5年間、娘の「さなぎ」の時代が始まりました。

この娘の下には年子の妹がいます。この子は、自由奔放！　学業も部活でも目立たず、友だちとトラブってては私を悩ませていましたので「困ったちゃん」と呼んでいました。私自身は気付かなかったのですが、後から思えば、妹に対してはそれを個性として認めていたように感じます。

同じように育てたつもりがまるっきり正反対！　この2人への対応の違いから、娘たちの人生が全く違ってきたのでした。

妹は姉とは違い、全て自分の進路は自分で決め、親や先生が何と言おうが自分が楽しいと思えること、興味のあることを選び進んでいきました。現在は大手の化粧品会社に入社し、私の元を巣立って行きました。それは、私が私の「ものさし」ではかるのではなく、彼女の「ものさし」で見ることができたからではないでしょうか。

あるとき友人に「あなたには、しのぶ憲法があるものね」といわれハッとしました。

そこで、自分自身を振り返り見直すと、「自分は正しい！」という「ものさし」に迷わされ、聴く耳をもっていなかった！　ということがわかりました。親が変われば子どもが変わる…というか、自分の見方が変わるので、娘が変化したように感じるのです。引きこもっている娘ではなく、今は「さなぎ」なのだと、動きは見えないけれど、時期が来れば羽を広げて飛び立つことができると信じることができるようになりました。そして娘も、わたしの「ものさし」の呪縛から解き放され、自由になることができたようです。その後、娘は21歳で定時制高校に入学し、来年（2019年）の春には卒業する予定になっています。

大人の「判断」でレールに乗せることは、子どもにとっての楽な生き方ではなく、自分で選んだ道だからこそ、苦しみを楽しみに変えることができるのだと、この2人の子育ての経験からそう思うことができました。

第7章

つないでいく…、伝えていく…

真実は真実の行為によってのみ人々に伝えられる
（トルストイ）

7-1 わが家の戦争体験 ～命のリレー～

茨城県｜40代｜女性
山﨑　敬子

＊家族構成＊

- 父（会社員）
- 母（保育士）
- 長女（成人）
- 次女（高校生）
- 長男（中学生）
- 三女（中学生）

「でもさ、それって72年前の現実なんだよね。ここには72年前の現実が詰まってるんだよ。」。そんな長女の言葉が私の胸に刺さりました。２０１７年８月、久しぶりに広島平和記念資料館に行きました。今回の改装で小さいときにとても怖かった蝋人形がなくなると聞いて出た言葉でした。あの蝋人形は想像のものではなく、72年前に起きた現実のことです。もし怖いという理由で無くなってしまうのなら、それはとても残念なことだと思います。

　私は小さなころから広島への思いがあり、いつかは行ってみたいと思っていました。結婚して、主人の両親が広島出身と聞いて驚きました。義母の父が広島に住んでいたので、毎年のように広島へ行けることとなりました。８月６日の式典にも2回ほど参列させてもらい、大和ミュージアムや江田島、大久野島など、戦争の足跡をたどる旅もしました。そこには目を覆いたくなるような現実があったのでした。

　子どもたちが小さいころ、『ウサギ島』と呼ばれるくらいたくさんのウサギがいる大久野島に泊まりに行っていました。戦争中、大久野島は『毒ガス島』と呼ばれ、毒ガスを作ったり貯蔵されたりしていました。なぜウサギが増えたかというのは諸説ありますが、毒ガス実験用の子孫ではないかとか、学校で飼いきれなくなったウサギを放したとか。ウサギにひかれて行った島でしたが、悲しい歴史を知るため、レンタサイクルで島を一周し、砲台跡や毒ガス貯蔵跡、発電所跡や毒ガス資料館などにも行きました。わが家にとって、とてもいい経験となりました。

１９４５年8月6日。義父方の祖父は通勤中、帰らぬ人となりました。義父は当時3歳。年の離れた姉と兄に面倒になったと話していました。５年前に亡くなった義母方の祖父は飛行機の教官でした。もし戦況が長引いていたら、祖父も戦地に行っていたでしょう。そうなっていたら義母は、『私は産まれてなかったわ』と話していました。私の母方の祖父は、中国で布教活動をしていました。敗戦後は混乱しておりましたが、引き揚げのとき祖父に助けられたという方たちに守られ、みんな無事に日本に帰ることができました。

わが家には子どもが４人います。長女の名前は『一味（かずみ）』。僧侶でもあった義母方の祖父が経典からつけてくれました。意味は、『川が海に入ると一つの味になるように、大小などに関わりなくすべて平等無差別である』です。小さいときからきちんとした由来があることを教えていたので、とても誇りをもってくれているようです。２人目以降、次女は祖父の『恵海（えかい）』から恵をいただき『恵（めぐみ）』、長男は母方の祖父『大典（たいてん）』の大をもらい、『大樹（ひろき）』、三女は海をもらい『優海（ゆうみ）』。みんなそれぞれ祖父に関係していて幸せだと思います。

『命のリレー』。親から子へ、子から孫へ。途切れることなくつながっていくこのリレー。この『愛のバトン』をしっかりつないでいきたいと思います。

7-2
一日の報告 ～母への感謝～

茨城県 40代 女性
松本 博子

＊家族構成＊
●父（会社員） ●母（パート）
●長女（小学生）

わが家では、小学6年生の娘との間で毎日決まってすることがあります。

お互いに今日あった出来事を話すことです。それを始めたのは娘が保育園に通うようになってからでした。

もともとお互いの一日にあった出来事を話すことを始めたのも、今日からやってみよう！　と決めた訳ではなく、自然と今日まで続いて日課となっています。

娘が保育園でお友だちと仲良くやっているのだろうか？　楽しく過ごせているのだろうか？　親であれば心配に思うことが気になってというのが、今思えばきっかけだったと思います。

保育園に通っているころは、まだ幼いということもあり「今日は誰と遊んだの？」や「何して遊んだの？」と簡単な話題を振り、そこから話を広げていきました。今では小学校の高学年になりましたので、話の内容も大人になってきました。私は仕事をしているので話の内容は職場でのことが大体で、娘は当然ながら学校での話題となります。

互いの学校、職場での他愛のない話、面白かった話、困った話等々です。ときには私の悩みや愚痴を聞いてくれて、娘なりに意見を聞かせてくれてアドバイスをしてくれます。

子どもが成長するに連れて、親子が一日の間で一緒に過ごせる時間も限られ、コミュニケーションも難しくなってきたことを最近では感じたりします。私も、母とは今の私と娘のように、子どものころからお互い何でも話して育ってきました。

母も働いていたのですが、疲れて帰って来たとき、忙しいなかであっても私の話を聞いてくれました。そのころの私は、親なのだからいつだって子どもの話を聞いてくれるのは当然のことと思っていましたが、自分が親になって母にはとても感謝しています。

母と私の関係性があったからこそ、今の私と娘に影響していることなんだろうと思います。

いずれ娘にも難しい年ごろがやってきて、口も利いてくれない時期が訪れるかもしれません。いつまで続けられるかわかりませんが、2人の間で可能であるうちは続けていきたいと思っています。

7-3

お盆参り
～親から子へつながる経験～

―福岡県―40代―男性

＊家族構成＊
●父（僧侶） ●母（保育士）
●長男（中学生） ●長女（小学生）

　私の家は、浄土宗の寺院です。満3歳のときから、毎年お盆にはお檀家さんのお家へお参りに行っています。もちろん、初めは祖父母に連れられてのお参りでした。これは、お寺で生まれた子どもにとってはよくあることで、将来、立派な僧侶となるために幼少のころからそのような経験をさせます。お盆参りはその第一歩なのです。お盆参りは、正式には「盂蘭盆会《うらぼんえ》棚経《たなぎょう》参《まい》り」といいます。古くからの習慣で、仏教ではお盆の時期になるとご先祖様がお浄土より家に帰って来られると言い伝えられています。そこで、部屋の中やお仏壇を綺麗に掃除して、ご先祖様をお迎えして、お盆の間を家族と一緒に過ごすのです。そのとき、特別に設置した施餓鬼棚にたくさんのお供え物等を用意して、菩提寺の和尚様に施餓鬼供養をしてただきます。これが「棚経参り」と言われる由縁です。

　地域によっては、お盆の時期や習慣も様々だと思います。私の地元では、まず8月7日ころにお墓掃除に行き、お盆を迎える準備をします。そして13日になると、家族でお墓参りに行くのです。私が幼いころ、祖母より「ご先祖様をしっかりおんぶして帰るのだよ。」と言われ、みんなでおんぶの格好をして家まで歩いて帰ったのを覚えています。今考えると、お墓参りをすることの大切さを私たちに教えるための方便だったのだと思います。お盆の3日間を家族や親戚と共に過ごし、15日には再度お墓へお見送りのお参りに行くのです。そのときには、お土産のお団子なども用意して持っていきます。このような習慣のなかには、家族や親戚一同が無事に生活させていただけることをご先祖様に感謝するという意味が込められているのですが、こうした大切な習慣も、今は段々と失われつつあるように思います。

私は子どものころ、父から勉強や宿題のことをうるさく言われた経験が一度もありません。成人してからのある日、そのことについて父に尋ねると「学校の勉強も大切だけれども、地域に慣れ、お檀家さんと慣れ親しむことがもっと大切だと思うから、今まで勉強のことはとやかく言わなかったのだよ。」とその理由を教えてくれました。

私も大人になり、一男一女の父となりました。長男は13歳です。満3歳から私と一緒にお檀家さんのお家へお盆参りに行っています。近年では小学生の長女も一緒に3人で行くこともあります。私自身が経験してきたことを同じように子どもたちにも経験させてあげたいと思っています。

あるお檀家さんが、40年前の私の姿を思い出しますと言われ、「お父さんと同じように小さいときからご修行なさって、将来立派な和尚様になってくださることは本当にありがたいことです。」と言ってくださいました。私たち寺族は、このようなお檀家さんの篤い信仰心と支えによって、生活させていただいています。このような拝み拝まれる関係をこれからも大切にしていきたいと思います。ともすれば、お盆には家族で遊びに出かけるということも多くなりました。決して悪いことではありませんが、ご先祖様から受け継いだことを子に孫に伝えていくことも大切なのではないでしょうか。

7-4 防災で地域愛を育む

―大分県―40代―男性

＊家族構成＊
- 父（自営業）
- 母（助産師）
- 長男（高校生）
- 長女（中学生）
- 次男（小学生）

甚大な被害をもたらした東日本大震災。その2011年からPTA会長を務めて震災を通じてたくさんのことを学ぶことができました。ただ、震災は関係なしに、地域での関係性の希薄化が社会的に取りざたされていたなかでPTA会長である私に地域のため、学校のため、保護者のため、そして、子どもたちのために何かできないかと考えていたところに震災が起きました。小学校の体育館にすぐに家族で避難しました。体育館の中のテレビのニュースで、東北の様子をみんなで見ていて何も言葉が出ない一夜を過ごしました。実質的に被害が少なかった大分にいて、東北の方々に何かできないかと心のなかで葛藤が続く日々を過ごしていました。

とそこに、あるお母さんから「会長、同じ名前の小学校が石巻にありますよ！」と言われすぐに電話番号を調べて、一瞬は躊躇しましたが、思い切って学校に電話してみました。教頭先生が丁寧に応えてくださいました。

そして、私はすぐに決断しました。「一度、行ってみよう」と。そこから、わが家のボランティアライフが始まりました。7年が経過した今年までに6回、大分から車で東北に行きました。少しずつ変わりゆく東北を子どもたちは、自分の目で、自分の肌で感じてきました。そのボランティアが今後、子どもたちの成長にどんなふうに役立つかなんてことは、考えていませんでした。今、目の前にある自分たちができることを行動に移しただけです。たくさんの人と会い、たくさんの人と話し、たくさんの人といっしょに涙しました。その体験が子どもたちの将来に役立つかどうかなんて今でもわかりません。でも、いつしか私自身「防災を学ぶことは、地域愛を育むこと」と考えるようになっていました。

もちろん、それを子どもたちにも伝えてその子どもたちが大人になっても周りの人たちに伝えてほしいと思います。でも、その前にまずは今の大人たちが地域愛のためにボランティアで防災をもっと真剣に丁寧に考えてほしいと日々感じています。私もPTA会長は退きますが、今後も地域のなかで地域人として防災ボランティアを通じて活動していこうと思います。

わが子も含めてこの東日本大震災での、東北キャラバン防災ジュニアリーダー研修の体験者は、延べ20名です。この20名の子どもたちが今後、どのような道に進んでいっても、大分県がボランティア発祥の地ということに誇りをもって自分自身の道を切り開いていってほしいと思います。

それを末永く見守っていくことが私のボランティアの勧めであると同時に、PTAがあったからこそ体験できたことへの感謝もあり、これからのPTAがコミュニケーションの数少ない砦という確信を得たことが、自分自身の今後の道へ大きな影響を与えたことは間違いないと思います。

PTA＝ボランティアがいかに人として短期間で学べる方法であることを大人たちは今一度考えてほしいと願い、私の「防災で地域愛を育む」を閉じたいと思います。

7-5 成長を見られることが生きがい

―大分県―40代―女性

＊家族構成＊
●父 ●母
●長男（高校生） ●長女（高校生）
●次男（中学生）

私は、専門部長やクラス役員を10年し、夫は、PTA会長を8年、夫婦で中学、高校のPTAに携わっています。

PTA活動をしていてよかったことは、親子ともども先生方との会話が生まれ、子どもたちの様子がわかることです。

「ママ友」もたくさんでき、いろいろな会話が弾み、子どもの友人の情報がわかります。PTA会長の子どもは特別視されることもあるかもしれませんが、子どもたちもわかってくれています。

父さんはPTA会長だから、「あいさつしなければいけない」、「悪いことをしてはいけない」、「迷惑かけてはいけない」という意識をもってくれています。

夫はいろいろなところで登壇し挨拶をする機会があります。恥ずかしい思いをすることもあると言いますが、目をキラキラ輝かせながら話してくれるので、本当は嬉しいのだと感じます。

地域での親子体験、職場体験について

PTA活動をしているため、いろいろな体験学習に参加し、地域の人たちとの関係がうまれ、これまで体験したことのないようなものに参加でき、将来への道が広がりました。

研修会、講演会に参加して

子育ての講演、様々な学校、ＰＴＡ活動、家庭教育の事例を聞くことができ、家庭にもち帰り様々なことを実践しました。道徳、生活習慣やルール作りなどを実践すると、子どもたちも考える力が芽生えるようになり、生活面も成長したと思います。

地域の祭りなどについて

子どもたちと一緒に参加し、地域の伝統文化やおもいやりなど素晴らしい経験ができていいます。地域の大切さが判っていると思います。

子どもたちについて

長男が小学校２年のときからＰＴＡ役員になり、同級生の子どもたちの成長を見られたこと。頑張る姿、悔しい姿、楽しい姿を見られたこと。これから、この子たちが素晴らしい大人になる成長を見ていけること。今後どのように活躍していくのかが私にとっての生きがいになります。

夫が子どもによく言います。「子どもがうまれたらＰＴＡ会長になれよ」。私もそう思います。いろいろな社会への勉強をしていってもらいたいと思います。

今年、長男が就職します。これまで学習してきた家庭教育、学校教育、社会教育を活かし活躍してくれることと思います。

第8章

食から…、自然から…

人間が自然から離れることはない。
あくまで人間は自然の一部だ。
（エーリッヒ・フロム）

8-1 わが家の食卓 ～みんなで料理　楽しい時間～

—北海道—40代—男性

＊家族構成＊

●父（会社役員）　●母（会社員）
●長男（中学生）　●長女（小学生）

父「よし、出汁ができた、つみれ係はスプーンでつみれを作って鍋に投入。」
長女「今日は大きなつみれを作る。」
父「次、野菜係。見た目美しく鍋に投入！」
長男「まず根菜、次に野菜をいれるんだよ。」
母「ごはん用意するね。」
父「よしできた。さぁ食べよう。」
全員「いただきます。」

家族みんなで囲う食事は、会話も弾み楽しいものです。

多くのご家庭が、鍋やホットプレートを囲んでの一家だんらんを楽しむのはよくあることだと思います。

わが家にとって夕食に家族一緒で食卓へつけるのは、平日は仕事が深夜まで勤務のため、仕事がない日曜の夜のみです。その貴重な夕食を楽しむためにわが家ではいろいろな工夫をしています。

子どもたちも、習い事や塾に忙しいことも多く、誰かがいないという日が多くなってきました。

それぞれに忙しさが増し、用意してある夕食をそれぞれに取るということが増えてきました。それだけに、日曜日の夕食は全員がそろう貴重な食事となり家族にとっては大切な時間です。

まず、子どもを交えて麺料理を作ることをやってみました。料理の本やインターネットで夕食までに作る麺料理の構想を話し合います。ある日、とても印象に残った鶏がら味のラーメン屋さんのスープを、はじめから作ってみようということになりました。子どもと相談しながらスープに入れる食材の鶏がら、玉ねぎ、長ねぎ、シイタケなどをスーパーで購入し、ワイワイとみんなで作ったスープは、本職のものと違い、濁り脂っこくて少々塩気の多いものとなりました。4時間もかけて初めから作ったスープということで、「ん〜ん?」と言いながらみんなで完食です。

またあるときは、小麦粉からうどんを作ることに挑戦し、子どもたちはせっせと粉からうどん作りをやりました。大人はあまり手を出さないようにしましたが、台所が見事に粉だらけになったのは愛嬌です。そのうどんは、粉に混ぜる水の塩が足りなかったようで少々ぼそぼそとしていましたが、家族みんなで釜揚げうどんの夕食で楽しみました。

みんなで作る。そして一緒に食べる。子どもたちも日曜の夕食を楽しみにしてくれていることと実感しています。

最近のわが家は、PTAの研修会(京都)で習った本格的な一番出汁で作る鍋にはまっております。子どもには、水のみ、昆布だしのみ、鰹節を入れての出汁と、うま味の変化を感じられるか、目をつむってのクイズを行うなどした結果、子どもたちの出汁に対する興味が生まれて、より各食材に対しての興味も増したようです。その結果、わが家の鍋には子どもがスーパーで選んだ食材が入り、みんなでつつく楽しみも増えました。

食材への興味が増えると、いろいろ試したくなるのは道理で、数多くの食材への挑戦にもなり、その結果苦手な食材が減ってきていると感じます。

最後に、わが家の日曜の夕食では、テレビを禁止しません。家族みんなが好きな番組を見ながら、感想を言い合い、笑いあい、そして箸を進める。そのような楽しい時間を家族で共有できる時間はそんなに長くないことも薄々気付いていています。だからできる限り長く続くよう、工夫を凝らしていきたいと考えています。

8-2

わが家の夕ご飯 ～亡き母と一緒に～

―茨城県―40代―男性
吉岡 高彦

＊家族構成＊

●父（会社員） ●長男（高校生）
●長女（高校生） ●次男（小学生）

わが家の自慢は、毎日夕ご飯を家族全員で食べることです。それがある日、突然、妻を心筋梗塞で亡くしました。あの日私は朝から出掛け、昼過ぎに「30分ほどで帰宅するから昼ご飯よろしく。」とメールしました。帰宅時に昼ご飯の準備はなく、寝室で横になる妻に声をかけると「胸と背中と肩が痛くなる。準備待って。」と返事が返ってきました。インフルエンザの季節だし、熱を確かめるのに手に触ると逆に冷たく不安を感じました。この時点ではあんなことになるとの考えは微塵もなく、子どもたちに「全く大げさだ。」と思われていると感じていたので、子どもたち3人は家に残し2人で病院に行きました。診察室の前で20分ほど待ったとき、急変しました。処置室に入り僅か数分、医師から聞いた言葉は「心肺停止です。家族を呼ぶように…」でした。近所の友人に「理由は聞かず、子どもたち3人を病院に連れてきてほしい。」と頼みました。子どもたちは、「ちょっと病院に行く。」と言っていただけで、笑って出掛けたのに、僅か一時間ほどで手を握っても握り返されず、声をかけても返事が無く、現実を受け止められない様子でした。それでもそれぞれが母へ感謝の気持ちを言葉にし、告げました。子どもたちには帰宅までの僅かな時間、病院では泣いてもいいけど、家に帰ったら母がゆっくり眠れる場所を作ってほしいこと、夜には駆けつけてくれる方への対応、その後も葬儀が終わるまで、多くの方が来られるから、しっかりするよう言い聞かせ頑張って貰いました。通夜まで一週間あり、亡くなった翌日には、末っ子（当時小2）は、サッカーは楽しく絶対続けると言い朝からジャージを着て準備し、夕方練習に行きました。娘（当時中1）は自分の言葉で友だちに伝えると言い、朝の会だけ登校。長男（当時中2）には手伝いをして貰いましたが、翌日は実力テストを受けたいと言い登校しました。

数日後の夕ご飯、子どもたちが相談した内容を聞いてほしいと話し出しました。長男は、毎日食器洗いをする。来年受験だけどこれぐらい問題なし。娘は、毎日夕ご飯を作る。これぐらい部活を続けながらできるし、料理が上達するよう、いとこが居る間にいろいろ教わっておく。末っ子は毎日風呂洗いをする。それぞれ自分にできることを考えました。子どものことだし、これから反抗期だし、やりたいこともあるし、いつまで続くかはわからないが、自分で決めたことだから、と見守ることにしました。

3年経った今も、自分で決めたことに責任をもち継続しています。それに兄弟がやっていることに感謝する姿には、こみあげるものがあります。葬儀では、葬儀場の最高記録となる大勢の方が来られ、子どもたちは母の偉大さと信頼関係を感じ、亡くしたものを乗り越えられる勇気を貰ったようでした。いつの日か皆さんに恩返ししたいと思います。子どもたちは、それぞれが選んだ道を進んでいます。選択が必要なとき、時間を取って相談を受けたことはありません。毎日夕ご飯を一緒に食べ、会話することで考えを理解し合えているから、そして選んだ道は家族全員が応援しているからです。これからもわが家の夕ご飯は家族全員そろい踏みです。

8-3 食事作りで学ぶこと ～家族への感謝　人の役に立つこと～

―岐阜県―40代―男性

＊家族構成＊

- 父（公務員）
- 母（法人職員）
- 長男（大学生）
- 次男（高校生）
- 三男（中学生）

わが家は結婚以来現在に至るまで、核家族で共働きです。そのため毎日が忙しく、生活を回していくことに必死でしたので、気が付くとあっという間に21年もの月日が流れていました。

このような状態ですので、わが家には子育てに関する特別なルールなどはありませんが、一人一役として、それぞれの役割分担があります。

例えば、朝の洗濯は私が担当です。洗濯物を干してから出勤します。この役割は結婚当初から現在まで続いています。

一人一役は、子どもが小さいときから継続的に約束を決めています。食事作りのお手伝いも、お米洗いから始まり、成長段階に応じて、今までの取組を踏まえて家族で話し合い、その都度、仕事内容を見直すなどしたので、子どもたちはさらに主体的に取り組めるようになったと思います。

現在の子どもたちの一人一役は、次男と三男は早く帰宅した方がご飯を炊き、塾がない日は夕食も作ります。私自身も両親が共働きで核家族の家庭で育ち、役割分担がありました。お米を洗って炊くのは私の担当だったので、自分の子どもたちにも自然とそのようにさせているのかもしれません。

食事作りは、お風呂掃除などのお手伝いと違って、どんどん発達・進化するため、繰り返しほめることができます。ほめられることの積み重ねが自信や自己肯定感を育むことにつながります。更にはお母さんの役に立てるって嬉しいな、お父さんに喜んでもらえるって嬉しいな、お母さんに「ありがとう」て言ってもらえるのって嬉しいな、そんな「嬉しい」が人を喜ばせたい、人の役に立ちたいという気持ちにつながっていきます。

また、食事作りのお手伝いは、出来上がりをイメージして作業を進めていきます。お味噌汁を作るにも、始めは材料を切るだけなど、言われたことをそのままするだけですが、やがてはお味噌汁づくり一連の作業を任せることができるようになり、頭のなかで作業手順を考えるようになります。例え失敗しても、次は失敗しないように段取りを考えることができるようになります。その繰り返しが段取りを考え、見通しをもって物事を進める力を育てていきます。

一人一役に取り組んでみて何よりも嬉しかったことは、子どもたち自身に生活力が身に付いただけでなく、家族への感謝の気持ちが生まれ、役に立てて嬉しい、もっと人の役に立ちたいという行動につながっていることです。そんな好循環が子どもの人生を幸せなものにしていくのではないでしょうか。

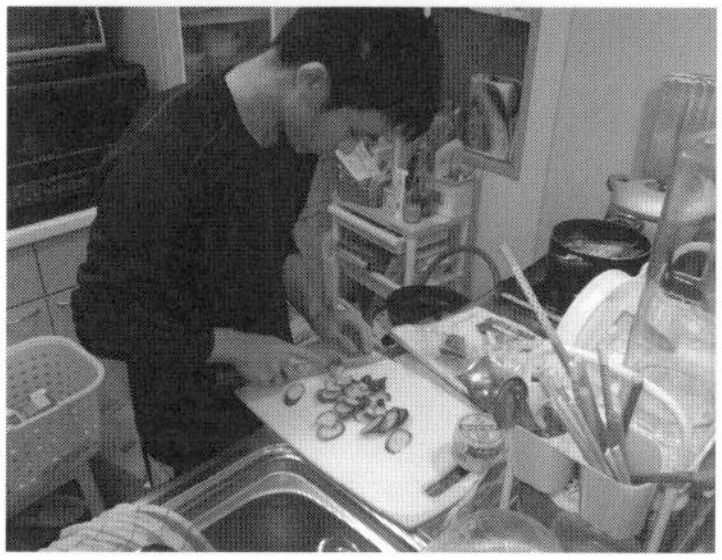

8-4 食事に感謝できる子どもたち

―香川県―40代―女性

＊家族構成＊

●祖父（農業）　●祖母（無職）
●父（教員）　●母（市臨時職員）
●長男（大学生）　●次男（高校生）
●三男（中学生）　●四男（小学生）

わが家の食事の作り手である私がモットーにしていることは、

1　市販のお惣菜を使うときも、必ず何か手を加える。
2　短時間でつくる。（30分以内）
3　副食を5品は作る。

の3点です。わが家は4人の食べ盛りの男子がいるため、量も半端ではありません。大盛りのおかずをのせた大皿が5枚以上テーブルの上に並びます。祖父母も共に食べているので、煮物や魚料理は必ず作ります。魚嫌いもいるため肉料理、ツナ缶を用い何とか魚系のものも食べさせるようにしています。また、キノコ系全般が駄目な子もいるため、味の濃いものなどに細かく刻んで入れたり、出汁で用いたりしています。あと、彩りと栄養とが偏っていないかは、考えながら作るようにしています。しかし、何ぶん忙しく時間短縮で作らなければいけないときは、お惣菜・冷凍食品・水煮などに頼りますが、そのままは出さずに、何かしらの手は加えるようにしています。おなかをすかせて待てない人がいるので、先に何かをしてもらっている隙間時間でできあがるように短時間でコンロ3台フル活用で段取りよくを目ざしています。また、「こしょく」にもならないように心がけています。

これらが、日ごろしている私の食へのこだわりです。

子どもたちには5年生の夏休みに「夏休みのくらし」にある野菜サラダを自分で作るという課題に取り組ませています。ポテトサラダの作り方を一過程ごとに説明し写真を撮りながらサラダを作りレシピを作成。そのため、それを見れば一目瞭然。誰でもポテトサラダができるわけです。このとき使う食材は、できるだけ家庭菜園で栽培したものにします。また、買い物も一緒に行って食材を選ばせます。レシピを作った子どもたちには、誕生日などの特別な日に時々作ってもらうようにしています。家族みんなに美味しいと食べてもらう満足感も得られているように思います。家で食べるお米は、全て家の田んぼで作っています。幼いころ（最近は部活や少年団の活動で無理なときもある）から田植え・水入れ・稲刈りと手伝ってきています。また、私の実家が酪農をしているので、牛の世話なども見たり手伝ったりもしてきました。畑では、トウモロコシやミニトマトなどの夏野菜、またイモ類なども栽培して、それを収穫して調理。それを、家族で食べます。やはり、自分で作って調理したものは苦手な食材でも自慢気に食べます。

幼いころはよくこういう体験活動もしていたのですが、大きくなるとなかなか時間が取れずできません。しかし、三つ子の魂百までとも言います。お陰様で、わが家の子どもたちは、いつも出されたものはきれいに食べています。感謝の言葉もきちんという子どもたちです。

今は、私がいっぱいいっぱいで何もしてあげられていませんが、幼いころに体験をさせていてよかったと思います。貴重な体験の場を提供してくれた私と夫の両方の両親たちにも感謝しています。

8-5 おやつ作りで親子のコミュニケーション

―福岡県―50代―男性

＊家族構成＊

●祖父（無職）●父（自営業）
●母（会社員）●長男（中学生）
●長女（中学生）●次女（小学生）

わが家では、家族で、おやつ作りを子どもだけでなく大人も楽しんで一緒に作ります。よく作る物は、プリン・クレープ・クッキーなどです。特にクッキーは、子どもたちも大好きです。レシピを見て、材料の分量を一つ一つ丁寧に測り、生地作りからします。冷やした生地を麺棒で延ばし、子どもたちは自分たちの好きな型で抜いてオーブンで焼き上げます。ここまでは、皆で役割を分担し、わいわいがやがや、お互いコミュニケーションを取りながら、楽しく作ります。焼き上がったクッキーに、自分たちの好きな模様をパイピングして、アイシングクッキーを作ります。子どもたちも上手に作るようになりました。サクサクの風味の良いクッキーが出来上がります。見た目もパイピングでデザインされているので可愛らしいです。時々お友だちも呼んでわが家でお菓子づくりをします。お菓子を作るときは、一生懸命作りながらも、コミュニケーションを取り楽しく作るので、大変良い時間になります。そうしてできたお菓子を皆で食べるときは、皆ニコニコ笑顔です。

わが家では、このように家庭で自分たちの好みに合わせて体に良いお菓子を作ることができます。また、作るときにいろいろ頭で想像しながら作るので、想像力も付けることができます。日ごろコミュニケーションが取れていなくても、親と子どもたちが共同作業をすることで、親子のコミュニケーションを取ることができるのです。

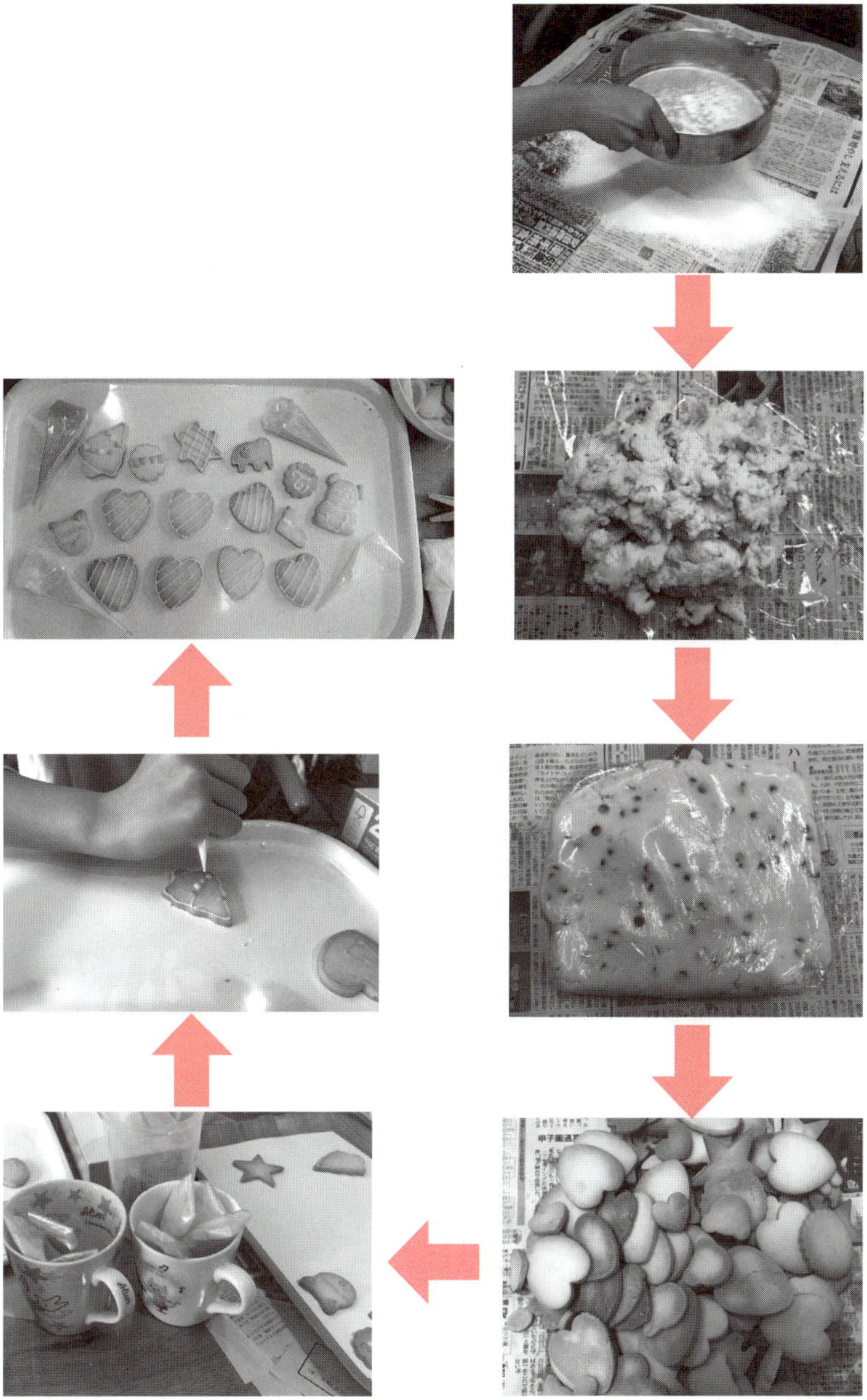

8-6 身近な環境問題対策 ～薪ストーブの経験～

―兵庫県―40代―男性
熊谷　拓朗

＊家族構成＊
●父（自営業）　●母（自営手伝い）
●長女（高校生）　●長男（小学生）
●次男（小学生）

私の職業は、グランドカバープランツという、つる性の植物や根茎が伸びる等して、地面を覆う植物を生産するのが仕事です。直径10センチぐらいのビニールポットでビニールハウス内で栽培をしています。用途としては道路建設や大きなビルの建設現場で、開発により失われた「緑」を補うために使われます。価格的に暖房器具等を使い経費をかけて育てることができず、自然の気温天候に任せての生産なので、一年中気温の変化などの気象状況には敏感に対応しないといけません。

また、ビニールハウスは近年いろいろな技術が進み丈夫にはなってきていますが、台風や雪、突風などには大変弱く、これまでにもいろいろな被害によりビニールハウスが壊されてきました。近年、地球環境は非常に悪化し、今まで予想できなかったような大きい台風が来たり、ゲリラ豪雨や大雪が降るというようなことが起こります。そのようななかで、自然環境に負担を与えない生活をすることが大切だと思うようになりました。

このようなことから、家を建てるときに自然に優しい家を建てたいと思い、ログハウスを建て住んでいます。ログハウスは高断熱で保温性が高く、冬あたたかく、夏に涼しいという特徴をもっています。

子どもが生まれるまでは、石油ファンヒーターで暖をとっていましたが、子どもが生まれてからは、暖房器具を薪ストーブに変えました。きっかけは石油ファンヒーターは化石燃料である石油を使うことにより、空気中のCO2増加につながり地球環境を悪化させると言われていることもありますが、それだけではありません。わが家が薪ストーブを使うきっかけがあります。私が子どものころまでは、冬休みになれば家族で山に入り、自分の家の山で薪作りをしていました。しかし、30年近く山に入ることがなく、山が荒れているということに気が付いたからです。私たちが小学校に入ったころから、日本では高度経済成長でいろいろな物が便利になり、自然エネルギーから化石燃料を使う時代に変わっていきました。そのようななかで薪は使われなくなり、誰も山に入ることがなくなり山は荒れていきました。そのような状況で、山にある地産地消のエネルギーを使いたいという思いから薪ストーブを使うようになりました。

薪ストーブと聞いて良いなと思われる方もたくさんおられると思いますが、石油ファンヒーター等と比べるとかなり大変なことがあります。燃料は重く運ぶのが大変で、着火も慣れないとできません。また数時間ごとに薪を足さなくてはいけません。

わが家では、子どもたちが小さいころから、薪を運ぶのを手伝ったり、着火の方法を教えたりしてきました。

今では、小学6年生の息子が、毎日薪ストーブ当番ということで薪ストーブに着火してくれ、薪を足してくれています。

また、休みの日には、子どもたちとキャンプに行くのがわが家のレジャーで、自然のなかで過ごすことで、自然の素晴らしさ、厳しさを感じてくれればと思い季節を問わず、キャンプに出掛けています。

わが家では自然とふれあう機会を多くつくり、地球環境に優しい生活をしようという思いを芽生えさせたいと思っています。

長女小6、長男小2、次男3才のころ、
薪運びの様子

8-7 子どもにもできるサバイバル術

—福岡県—30代—女性
稲生 茉莉子

＊家族構成＊
●父（会社員）　●母（主婦）
●長男（小学生）　●長女（幼稚園）
●次男（2歳）

小学1年生の長男が生後半年のとき、小さなその子を抱きながらテレビ画面越しに目の当たりにした東日本大震災の惨事の衝撃は今でも忘れられません。親として本能的にこの子を守らなければという衝動にかられたのでした。そのときから夫と「どんな過酷な状況でも生き抜ける力を身に付けてほしいよね。」という話をしたものです。ただ生きていてくれればいい、命があるだけでいい。そんな願いをずっと抱きながら、私たち家族は5人家族となって2年前に元々住んでいた場所から、そう遠くはない田舎に移り住みました。家の周りにある野草や野いちごなど食べられる植物を見つけては口にしてみたり、筍を掘るためにスコップを抱えて足元の悪い竹林を何時間も探し歩いたり、家の前の水路で沢ガニを捕まえては揚げて食べたり、田舎は豊かな資源がまだまだ残っていることを家族で実感しています。自分たちの暮らしのなかにある風景は「食べ物のある風景」なんだということを知ってほしいです。普段はお店で買うことは多くても、もしものときにはきっと彼らの助けになる知識です。

もう一つの実践は、あえて火のある暮らしを営むことです。ＩＨやオール電化が進み、生活のなかで火をほとんど見ることが無くなった現在。調理はガスで、暖房は薪ストーブで、おやつは焼き芋を、羽釜でご飯を炊き、汁物を作りみんなで火を囲んで食事をする。こんな楽しみを生活に加えたことで、今では息子は燃えるゴミ、自然に還るゴミ、燃えないゴミの区別がつくようになりました。物の循環がイメージできるのだと思います。そして火おこし名人。水を準備したり、消化器の場所や使い方も確認して、火の怖さや防火の教育も自分ごととして一緒に学びました。不思議なことに1歳半の末の息子は火がついたストーブには近寄りません。柵を付けていないので周囲からは心配されるのですが、同じようなことは周囲でもよく聞きます。こんなに小さなときから火への危険認知能力が備わっていることには大変驚きました。ここは熱いだろう、風を送ったら炎が起きるだろう、こんな木は燃えやすいよ、子どもたちは暮らしのなかで感覚的に火を感じ、扱い、理解して「ほらね！」と自信を深めているようです。もちろん危険と隣り合わせのことなので、保護者が十分に気を付けながら行わなくてはいけません。

その他にも、川や海で泳ぐこと、包丁など刃物の使い方を教えること、高い木に登ること、茂みに入っていくこと、こういう学校などの集団生活のなかでは求めることができないことこそ、家庭や地域で環境を提供して多くの大人が見守りながら教えていってあげたいことだなと思っています。

ＡＩの技術進歩で何事もデータ化されて、ボタン一つでなんでもできる時代がすぐそこまできていますが、技術の進歩を喜びつつもその社会の脆弱さも知り、何があっても寝食が確保できる術はどの時代でも子どもも大人も備えていたほうがいいと思っています。何より、大人も子どももわざわざ出かけなくてもご飯をただ作るだけで助け合って楽しんで感動がたくさん詰まっている。これって最高だと思いませんか。

第9章

多くの人が…、多くの人と…

人は人によって人になる（カント）

9-1 言葉で伝える大切さ
～私が紡いでいきたいもの～

茨城県 30代 女性
加藤 香緒里

「『ありがとう』の言葉、感謝の想いは、くさい台詞のようになっても、ちゃんと言葉にしなきゃだめよ。」とお義母さんがよく私に言っていました。

「お父さん、お父さんがいるから、美味しいものが食べられるよ。」「お父さんがいてくれるから助かっているよ。」と、大げさに言うんだよと教えられ、実際よく耳にしました。私のことも、「かわいいお嫁さんが来てくれて嬉しいよ。」などと言ってもらい、とても気恥ずかしかった思い出があります。感謝の言葉を口にするという大切さを、身をもって感じた私も実践するようにしています。

＊家族構成＊
- 父（会社員）
- 母（パート）
- 長男（中学生）
- 長女（小学生）
- 次女（保育園）

長男・長女が洗濯物を取りこんでくれたとき、お風呂を洗ってくれたとき、幼い妹をあやしてくれたとき、「助かったよ。」と伝え、「あなたがいてくれて良かった。」と言うと、明らかに自信たっぷりの顔になるし、また、張り切って手伝ってくれます。時間がなく、自分一人でやった方が早い場合も、わざとお願いすることで、子どもの自立にも一役かって、子どもにとって得られるものが多いと思います。認められている、家族の一員として頼られている、働いていると感じ、満足して、親のことも、自分自身のことも好きになります。少しの時間の使い方で良いことだらけの結果を生むと思います。

　自分を好きだという肯定力は、これから広がっていく交流関係、社会で生きていくのに絶対に必要なスキルだと思います。辛いことがない人はいません。ストレスがない人もいません。唯一無二の自分自身を守り、心を守れるよう、受け止め方と受け流し方を身に付けてもらいたいと考えています。

　子どもたちが生まれてから毎日、一日に何十回も抱きしめて、「かわいい、大好き、宝もの。」と伝え、育ててきました。興味をもったことにチャレンジする姿は、とても幸せで感動します。

　人を成長させるのは体験することだと思います。子どもが自然からの体験を通して学ぶことは、計り知れなく、とても貴重です。

　虫や土を触ったり、葉っぱで手を切って痛い思いをすることも。お義父さんが、その大切な役割を引き受けてくれて、子どもたちを一緒に、豊かに育ててくれました。

　子どもの好き嫌いをなくす秘訣もまた、幼いころに、より多くの食材を、そのままの味で食べるという体験によると思っています。お義父さんたちが畑で野菜を栽培しており、旬の野菜を美味しく食べられるようにしてくれています。

　子育ては、自分たちだけでは難しく、親や友人や周囲の人の手助けがあって支えられています。照れくさくても、感謝の気持ちを言葉にして、ちゃんと伝えて、また、そういう姿を子どもたちが見て、大事なものを紡いでいけたら良いと思います。

9-2 子どもの友だちが遊びに来たそのとき大人の役目は？

一群馬県一40代一女性

＊家族構成＊
●祖母（パート）　●父（会社員）
●母（会社員）　●長女（中学生）

わが家の娘は、小学1年生から5年生まで、毎週月曜日は友だちと遊ぶ日と決めておりました。私の住む市では、小学校放課後支援活動で、「遊び場」というものがあります。火曜日から金曜日の最終下校時間まで、学校敷地内で児童をお預かりする活動です。私はそこで、指導員をしております。遊び場のない月曜日は、近所の子どもたちには、わが家が遊び場になっておりました。娘は小さいときから、子どもは皆お友だちと思っていたため、私の知らない子にも遊びにおいでと声を掛けていたので、「遊んでいるときにケガをしたら大変だから、ママとお友だちのママが連絡とれる子に声を掛けていいからね」と話しておきました。

わが家へ遊びに来たときは、まず玄関が肝心です。当たり前のことですが、あいさつは絶対に忘れてはいけません。そして、家へ上がるときには靴をそろえること。あいさつはできても、靴をそろえることは忘れてしまうことは多々ありましたが、声を掛ければ思い出すので、毎回根気よく声を掛けておりました。

私は、子どもは寒くても外で駆け回って遊ぶものと考えておりますので、最も子どもたちに不評なのは、携帯ゲームを持ってこない！　でした。個々でできる遊びはここではやらずに、皆でできる遊びをする。そして、小さい子の面倒は年上の子がみる。私たちの子どものころは、遊びのなかで社会の第一歩を学びました。今思い返すと、とても大切なことと思います。

皆でできると考えた遊びであれば、ちょっぴり心配でも、まずは遊ばせてみる。年上の子がやってみて大丈夫であれば、小さい子もチャレンジ。素敵な構図です。ですので、頭から足の先まで泥だらけになっても、子どもが子どもらしく遊んだのだから、上手に楽しく遊べたと、嬉しくなります。結果、お風呂に入り、全身娘の下着・洋服で帰る子もよくおりました。

わが家の庭には、みかんの木があり、冬の寒い日にはキッチンでみかんゼリーを作ったこともあります。そのときも私は、見守りと質問に答えるのみで、皆で考えながらのゼリー作りです。普通に食べれば甘いみかんでも、絞ってゼリーにしたら甘味が少なく、売っているゼリーとは違うことを知りました。

そして、遊んだ後はお片付けです。片付けをしないと、次は遊びに来られないルールです。

子どもが考える自由な発想は、片付けにも時間がかかります。それでも、帰る時間になっても片付けないで帰すことはしませんでした。そこまで含めて「子どもたちの遊び」です。しかし子どもの片付けなので、最後の私の仕上げは大変でした。でも、遊びのなかで成長している姿が見られる特権があるので、苦には感じませんでした。

子どもが子どもらしく子どもの世界で遊ぶことが学びだと思っています。ですので、安全見守りに徹することが大人の役目な気がします。

9-3 にぎやか7人家族「生きる力」をもった子どもたち

—群馬県—50代—女性

＊家族構成＊
●父 ●母 ●長女（大学生） ●次女（大学生） ●三女（大学生） ●長男（高校生） ●次男（中学生）

わが家は主人と5人の子どもたちの7人家族です。姉弟同士の年齢も近いので、ここまでは、どたばたと過ぎてきたように思います。今となっては、もっとゆったり、子ども一人一人とじっくりと向き合いながらの子育てがしたかったなと思うこともあります。しかしながら、ここまでも一人で子育てをしてきたわけではありません。

子どもが幼いときは、両親をはじめ、友人、知人らたくさんの手を借りました。長女だけのときは、ベビーカーも使い散歩にも行きましたが、下の子へいくほどベビーカーを使う回数は減っていきました。未だに語り草となっていることですが、まだ末っ子がよちよち歩きのころ、家族でお出かけの際、横断歩道で長女がサッと末っ子をおんぶして渡り、周りの人々に感心されたことがあります。「今どき、珍しいねぇ。」と言われ、当たり前のようにしていた長女は何が珍しいのかわからずにキョトンとしていました。

子どもが2歳になると、できることは自分でやらせていました。各々の子どもの衣類はその子の届く位置にひきだしの高さを決め、自分の洋服は自分で選んで出していました。もちろん、着替えも自分でやり、唯一の難点はお気に入りの服ばかり着てしまうことでした。新しい服を買っても、子どもたちは適度に着心地の良くなったお下がりを好んで着ていました。あえて、見つけにくいように一番奥に入れてもそれを見つけ出し、奥から引っ張り出していたので、子どもはお気に入りの2組の洋服があればいいのかなと思いました。

食事も自分で食べられるようになったら、あえて手助けはしませんでした。お箸は、下の子のほうが見様見真似で早く使いこなせるようになりました。お箸の持ち方だけはきちんと持たせたかったので口うるさく言っていたと思います。

幼いころから包丁も持たせ、興味をもったときに料理はやらせていたので、皆、基本的な調理はできます。ご飯を炊く、味噌汁を作る、炒める、グリルで焼く、揚げ物等々。見た目や味付けはその子によってセンスの良し悪しが出ています。裁縫や洗濯も、私が留守でやらねばならない状況であればこなします。特に教えたわけではないので、学校の家庭科のおかげです。

ただでさえ人数が多いのに、昔から留学生のホストファミリーもボランティアで長くやっており、家族以外の誰かが、それも日本人ではない人が常に家にいました。普段から来客も多く、子どもの帰宅時には家族ではありませんが、リビングで寛ぐ人が「おかえりー」と迎えてくれたりするのは日常茶飯事でした。子どもたちも慣れたもので、どんな状況でもマイペースで対応しています。

私たち夫婦だけでは、きっとつまずきもあり、偏った子育てになってしまったと思います。たくさんの人に助けられ、出会い、いろいろな刺激をうけて、まわりに誇れる「生きる力」をもった子どもたちに育っていると思っています。

まだまだ成長過程を歩んでゆく子どもたちを、これからはゆったりと見守っていきたいと思っています。

9-4 人とのふれあいから学ぶ ～餅つきとお泊まり会～

—大阪府—40代—男性 佐々木 一智

＊家族構成＊
●父（会社役員）
●母（会社役員）
●長女（会社員）
●長男（高校生）
●次男（中学生）

年中行事をいくつか紹介させていただきます。一つ目として、わが家では年末に必ず餅つきをします。最近では私の知人や会社の社員とその家族、そして子どもたちの同級生を交えて、もち米を蒸籠《せいろ》で蒸し、石臼と杵で餅をつき、鏡餅と小餅、海老餅を丸め正月を迎えます。蒸してすぐのもち米をフーフーとし、子どもたちの口に放り込むと少し熱そうな表情から、幸せそうな表情に変わっていき、次から次へと欲しがる子どもたちに「餅つき分なくなる」と言いながらも笑顔になります。そして、ついたお餅をご近所にお裾分けする慣わしは、母が生前にしていたことで、また、工場の中で父や親戚のおじさんたち、そして父の野球チームの仲間が湯気たつなか、大声で「よいしょ！」と掛け声をかけていたことは、私自身物心ついたときからあり、思い出深い行事の一つです。これをしないと年が越せない、正月を迎えられないといった気持ちをもてるわが家の大切な行事です。長男、次男がまだ小さかったころは、私自身も若かったので勢いよく杵を振り下ろし、たくさん作っていましたが、今では大きくなった子どもたちが、たくさんの友だちを連れてきて餅をついて賑やかにしている姿を見ながら返し手をしています。この餅つきを通して友情、伝統文化や地域とのつながりまで感じてもらいながら、これからも続けていけることを願っています。

もう一つ、わが家の行事をご紹介します。子どもたちが長期のお休みになるタイミングには、わが家で子どもたちのお泊り会をします。このときの調理係は私が担当で、晩ご飯から翌日の朝食までつくります。「おっちゃん、美味しい」。このひとことを言ってもらえるとついつい調子に乗って、あれもこれもと作ってしまいます。そんな子どもたちも、年々体も大きくなって声変わりをし、小学生から中学生、そして高校生になると顔を見ても誰かわからなくなるくらい成長します。長女に至っては、大学生になっても友だちを連れて私にバーベキューを依頼してきます。長男や次男のお泊り会ではスマホやゲームをしている姿が多くみられ残念ですが、私は見守るように心がけています。学校以外で友だち同士が集うことは少ないのではないかと思います。こんなに笑顔や成長を間近で見ることができるお泊り会は、子どもたちから「もうやらへん」と言われるまで続けていきたいと思います。

このような行事を通して、人と触れ合うことが子どもたちの成長に欠かせないと信じ、わが家の工夫としてご紹介させていただきます。

9-5 PTA活動から「大人が成長すること」を学ぶ

―山口県―50代―男性

＊家族構成＊
●父（会社役員）
●母（会社役員）
●長男（高校生）
●長女（中学生）

近年、社会環境が変化し、思いやりや敬いの気持ちが希薄になりつつあるように思います。家庭の教育力の低下が叫ばれているなか、小学校・中学校でPTA会長を経験させていただきました。その間、PTAを会員である保護者や先生の「学びの場、成長の場」であると捉えて活動してまいりましたが、その活動は保護者と先生方、そして保護者同士が、お互いを知り合い理解し合って子どもたちの健やかな成長を見守り促していくものであるという考えに至りました。家庭の教育力向上という意味においても、PTA活動での「4つのつながり」を大切にする必要があると思います。

まず「親と子のつながり」。いうまでもなく親と子のつながりは家庭での基本です。子どもたちに物事の見方、考え方の基準となる「ものさし」をきちんと親が示してあげることが必要です。PTA活動においては様々な研修や講演を聴く機会を積極的に設けました。保護者が積極的に学ぶことにより、子どもたちに指針を示す一助になったことと思います。

次に「学校と保護者のつながり」。子どもが小学生のときは学校に足を運ぶ機会も多くありましたが、子どもが中学校に上がってからは、学校との距離が遠くなったと感じる保護者も多いと感じました。私の子どもが通っている中学校では、自由参観日を設けて下さったり、コミュニティルームを開放して下さったり、我々保護者が気軽に学校に足を運んで子どもたちや学校の様子を見る機会を増やそうと努力されていました。ＰＴＡとしてもこのような機会の積極的な活用を促し、また先生方と保護者とのつながりを深められる行事等を計画してきました。

そして「保護者同士のつながり」。特定の保護者とは親しくても、特に男親同士知らない人だらけという方もいらっしゃるのではないでしょうか。球技大会や親睦会を計画し、保護者同士の触れ合いの場も設けてきました。先生方にも積極的にご参加いただき、先生方とのつながりも深められたのも幸いです。

最後は「地域とのつながり」。子どもたちは地域の皆さんにも直接・間接的に育てていただいています。我々保護者も地域の一員なのだという自覚をもち、保護者のなかから地区社会福祉協議会の役員になっていただいたり、防犯パトロールや夜市の警備等のご協力をいただいているところですが、より積極的に行事等を通じ地域の方々とふれあっていただくことを促したいと思い活動してきました。特にわが県では学校・家庭・地域が連携・協働し、社会総がかりでの教育を実現するために、全ての公立小学校・中学校でコミュニティ・スクールが導入されており、学校側の考えとも合致するところです。

このようにＰＴＡで非常に大切なことは、活動を通じて「私たち大人が成長すること」であり、このことが家庭教育力の向上につながっていくと思います。ＰＴＡ活動に参加していなければ、子どもの教育も妻に任せきりで深く考えることもなかったかも知れません。ＰＴＡ活動をきっかけに、子どもの教育に真正面から取り組むヒントが得られたことがＰＴＡ活動をして一番良かったことだと思います。

9-6 地域に溶け込むお父さん

―香川県―40代―男性

＊家族構成＊
●父（会社役員）　●母（会社役員）
●長男（大学生）　●長女（大学生）
●次女（高校生）　●三女（中学生）

私は、地方で小さな工場を営む父と母、妹2人という家庭で育ちました。常に地域のなかで暮らし、近隣住民とのつながりのなかで生活していました。また、私自身も都会からUターンで事業承継して以来、地域に根差し、いろいろな行事に積極的に参加し、主催側として、お手伝いするようになりました。その活動のなかで、深く近所付き合いをしていた昔に比べ、現在の地域とのかかわりについて、非常に戸惑いを覚えます。

地域と企業、地域と学校、地域と家庭、地域と子どもたち…。このつながりとは、特別なものでしょうか？　人間として生きていくうえで近隣住民とのコミュニケーションは非常に大切です。このコミュニケーションを「面倒臭い…」と断り、自分の趣味や子どもの習い事に費やす保護者が非常に多い現在において、お祭り行事を主催する私たちは親や子どもたちにはどのように見えているのでしょうか？

「よく見かけるおっちゃん」「よく声を掛けてくるおっちゃん」「いつも張り切っているおっちゃん」…。いつも見かける存在であることで、地域とのつながりをつくっています。祭りとは、大人も子どももお互いがつながる場所であるのだと思います。

子どもたけでなく、大人にとっても「お祭り」は特別な行事です。主催側としてかかわる機会が多い私にとって、この機会をどう生かして地域と子どもたちが、つながりをつくることができるのか？　私の課題でもありました。

そこで、わが家で主催者である私をどう見ているのか、率直に聞いてみました。いつも家を空けて、ほとんど家に居ない私です。批判を受けても当然です。しかし答えは意外なものでした。「友だちもお父さんのこと知ってて〝凄い！〟って言うてくれるけん嬉しい」「いろんな人を知ってて凄い」「楽しそうに遊びに行っきょる」「付いて行ったら、他のおっちゃんもおって面白いし、一緒に遊んでくれるけん好き」「家におらんのはいつものことやん」…自然に私の行動を受け止めてくれていました。

親が自ら地域にかかわることで、子も一緒について来る。一緒に行動することで地域に馴染んでいくのです。また、主催側でお世話をしていることで地域の子どもたちが「あっ！お祭りのおっちゃんや！」「は～い」っと素直に受け答えをしてくれます。常に大人がそばで見守っていると意識できる。だから頼もしい存在でいられるのではないか思います。

ところで、「わが家の工夫」ですが、ゲームやスポーツ少年団も大切ですし、楽しいでしょう。選択肢の一つとして、できるだけたくさん、地域の祭りに一緒に参加して楽しむこと。これだけです。

阪神淡路大震災以降、地域のつながりの希薄化が問題視されていますが、今後も向こう三軒両隣、災害時の共助の輪としても地域のつながりを大切にしていきたいと思います。

9-7 長女がいじめの被害に
～親はどうする？～

―鹿児島県―50代―男性
川原　慎一

＊家族構成＊
●父（会社取締役）　●母（会社員）
●長男（会社員）　●長女（会社員）
●次男（大学生）　●次女（大学生）

ある日長女が、「学校に行きたくない」と打ち明けてきました。家庭ではとても明るく、家族を楽しませてくれるほどの娘からの言葉に、戸惑いを隠せませんでした。話を聞くとクラスメイト同士での友だちの取合いに巻き込まれてしまい、それが原因で仲間外れにされたようでした。女の子によくありがちなことではありましたが、娘はとても悩んでいました。その日は落ち着くまで話を聞きました。いじめのことはもちろん、普段の学校のこと、友だちのこと、いろいろ話しました。こんな状況に追い込まれているわが子に気付いてやれなかった自分の親としての不甲斐無さに情けなく感じました。

娘は最初、泣きながら話していました。たくさん話すことで落ち着いたのか、本人から「今日は頑張って学校に行ってみる」と言ってくれました。私は「無理をしなくていいよ」と言いました。でも、娘は「大丈夫」と言いました。私は、娘を抱きしめ「何かあったらすぐ帰って来なさい」と言って学校に送り出しました。

娘が学校に行った後、妻と娘のいじめについて話しました。娘は一か月前からいじめに合っていたことを妻には打ち明けていました。娘はお父さんに心配を掛けたくないから言わないでほしいと、妻に頼んでいました。その話を聞いたとき、親を思う娘の気持ちに胸が張り裂けそうでした。「頑張って学校に行く」と言ったのも、娘のこれ以上心配を掛けられないという気持ちからだったのだと思いました。その日は正直、仕事になりませんでした。

娘の学校での時間どうだったのか、またいじめられてはいないか心配で気が気ではありませんでした。娘の下校時間が待ち遠しく不安な時間でした。

そして夕方になり娘は帰って来ました。すぐに「今日の学校はどうだった?」と聞くと「いつもよりはよかったかな」いう返事でした。

私は、その当時単位PTAの会長をしていました。それで、娘の担任の先生ともよく話のできる間柄でしたので、先生に相談をしました。担任の先生も私同様、いじめの存在に気付いていませんでした。娘の明るい性格故に逆に想像もしていないようでした。先生はその日のうちにわが家に来てくださり娘と話してくださいました。先生が「必ず守ってやるから」と言ってくださった言葉に娘も安心をしたのか、先生に笑顔を返したときには、涙が出るほど私は嬉しい思いでした。

それからは娘にとって、今までと全く違う学校生活になり、楽しく学校生活を送り、たくさんの楽しい思い出と共に卒業しました。

あの日を家族で振り返るときがあります。あの日娘がいじめを打ち明けてくれなかったら、どうなっていたのだろう。想像すらしたくありません。娘の相談を受け止め、優しく聞いてくれていた妻、必ず守ると言ってくださった担任の先生、どれが欠けていても、このようないい結果にはならなかったと思っています。本当に感謝の気持ちでいっぱいです。そしてPTA役員をしていたからこそ、先生に相談ができました。PTAの素晴らしさも実感できました。私たち家族にとって大切なPTAです。

9-8 ひとり親家庭の子育てと人とのつながり

―福岡県―40代―女性
松田　瑞恵

＊家族構成＊

●母（会社員）
●長男（専門学校生）
●次男（高校生）

『心配』を送らず　ただ見守る
『なんで』を向けず　ただ寄りそう
『待つ』ことで　時はくる

長男が学校に行けない時期があった経験から、私がお伝えしたいことです。

学校へ行けない息子との生活のなか、ひとり親家庭となり、母親役と父親役をひとりでこなすということに、息子への私の心と言葉は、日に日に二重人格のようになっていきました。

「なんで、みんなと同じように学校に行けないのか。」

登校している生徒さんを眺めては、涙が溢れ、泣きながら、泣きじゃくる息子の手を引っ張って、叫ぶ日もありました。

そんな私に、「一人二役をやらなくていいんだよ。母親でいたらいいんだよ。」

「学校に行けなくても、外に出られることがあったら、今はそれでいいんだよ。」と、様々な人が伝えてくれました。

そして、それは、長い間ＰＴＡ活動に携わったなかで出会った仲間たちでした。

いつも前向きに、共に学校や子どもたちにかかわってきた人々は、寄りそうことで、私たち親子を見守ってくれていました。

そんななか、息子は登校しなくても、私は

毎朝学校に通っていました。

朝の読み聞かせやあいさつ運動に毎朝立つと決めたのは、私の姿を見て、息子のことを思い出してもらい、いつか登校できる日まで「繋ぐ」という思いがあったからです。

私の想いが伝わるかのように、「元気にしていますか?」「元気になってから来たらいいよ!」と、クラスのお友だちや部活の仲間が、私に声をかけてくれていました。

子どもたちは、寛容で、「待つ」ということを知っていることに心から救われたのでした。

このように、私は、ＰＴＡ活動で、人との繋がりや救いの場を与えられました。

ひとり親家庭になっても、ＰＴＡ役員を続けていくかと迷ったときに、これまで人から与えてもらったことは、自分のエネルギーで、どこかにお返しするということを子どもたちにも伝えていけたらと思い、決めたのでした。

「なんで」という言葉に続く言葉は、家族に対してであったり、社会に対してであったりと様々な場面で湧き上がるものだと思います。

それを、「今はそうなんだね。」に変えることで、劇的に見方は変わると思います。

心身が元気になれば「そのとき」がきて、動くことができるということは、息子が教えてくれたことであり、私が学んだものです。

今では、そのころに感じていた思いや息子たちに伝えたいことを毎日一筆書いています。それが自分らしい生き方であり、どんなことも笑って受けとめられる自分になれたことに感謝です。

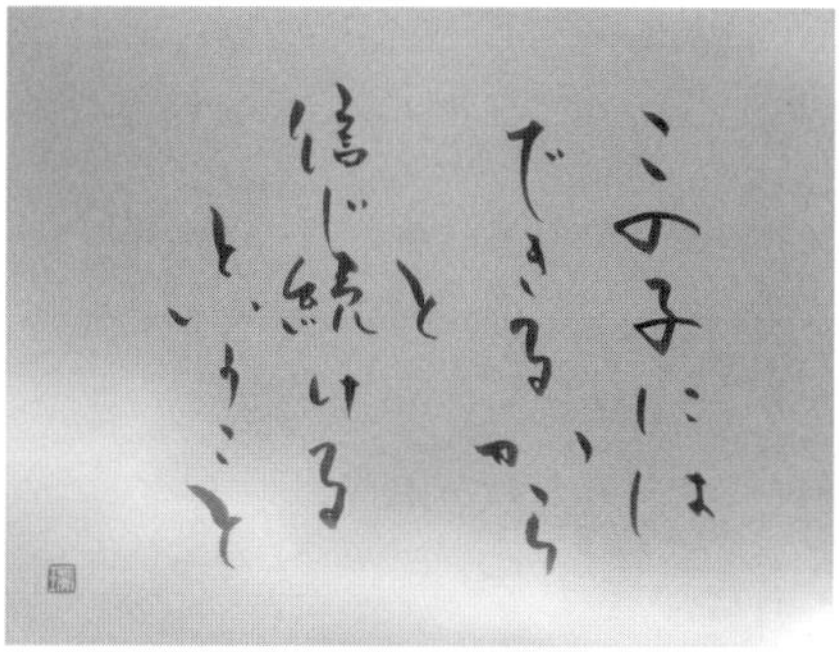
この子には
できるから
と
信じ続ける
ということ

9-9 障害のある子どもを育てる
～地域のみなさんに支えてもらいながら～

一奈良県一50代一男性
喜多　洋三

＊家族構成＊
- ●父（自営業）
- ●母（自営業）
- ●長男（障害のある子）
- ●次男（高校生）
- ●三男（中学生）

知的障害のある子の子育ては、一般に何が違うのでしょう？　子育てには何度かの節目がやってきます。卒業、就職、結婚等々、それは、子育ての終わりを意味するのかも知れません。そう思えば、終わりの見えないのが障害のある子どもを育てるということなのかもしれません。

わが家には男の子が3人います。そのなかで長男に障害があります。現在では「自閉スペクトラム症」というのでしょうか。名称にこだわったことがありません。21歳となりますが、発達年齢は2歳未満です。発語が無いうえに、他人との距離感がわかっていません。21年間の生活を経て、家族や世話をしてくれる人の指示を聞き、理解することはできますが、一人で生きていくことは未だにできません。この子の将来や、いつまでかかわっていけるのかはわかりませんが、あまり考えようとせずに現在を過ごしています。

出生時にはこの障害はわかりません。見た目にも何の違いもないのです。ただ、比較すれば発達が遅いことが気になってきます。やがて専門医に診てもらうことになり、診断が下されます。障害を受け入れることに大きな苦悩は無かったのですが、それからは苦労が続きました。多動傾向があり、目を離すどころか、手を離すこともできませんでした。事情を知らない方には過保護に映ります。疑問のささやきがよく聞こえました。目を離して行方不明になることも数回ありました。そんなときには、理解してくださる地域の方にずいぶん助けられました。障害児療育の通所施設を経て、小学校への入学は地域の支援学級と養護学校を選択するのですが、迷わず地域の学校を選択しました。本人の発達度合いや、そのころの受け入れ態勢から、養護学校を推す声は多かったのですが、将来この地域で暮らしてゆくことを考え、地域の小学校を選択しました。また、私には聴覚障害がある伯母との同居の経験もあり、祖父母が地域に対してオープンにしていたことも後押しになりました。何より、体験入学のとき本人が養護学校より、地域の学校で落ち着いていたのが決め手となりました。

この子を育てていくなかで、多くの人との関係をつないでくれました。奇声をあげたり、感情をむき出しにしたり、多動傾向が強かったりとすぐに違いがわかってしまう子だったこともあり、多くの場面で障害をオープンにしてきました。学級懇談会ではもちろん、弟たちの保護者会においてもこの子の話をして理解を求めました。そんな行動から、多くの場面でいろいろな方に助けていただきました。やがて、ＰＴＡ会長就任の依頼がやってきました。多くの方に支えられてきたことへのお礼の気持ちで引き受け、現在も続けさせていただいてます。

障害のある子どもを育てているなかで自問することはよくあります。なぜこの子たちが存在するのだろう？　社会のなかでいろんな弱者が一緒に暮らすことを通し、「やさしさ」が生まれてきます。地域の学校に通うことで、周囲の子どもたちに「やさしさ」が育まれたと思います。自然と備わることもあれば、誰かが導いてあげないと気付かない心もあります。優しい社会を育んでいけることを願って、終わりない「障害のある子ども」の子育てを続けたいと思います。

20 歳の記念に北陸旅行

2 歳ころ（まだ障害があるとわからなかった）

第10章

将来を見つめて…、夢に向かって…

明日には1つだけ、
かけがえのない魅力がある。
まだ来ていないということだ。
（フォースター）

10-1

子どもの一番の理解者として
～進路を一緒に考える～

―福島県―40代―女性

＊家族構成＊
●父（会社員）　●母（パート）
●長男（高校生）　●長女（中学生）
●次女（小学生）

私には、3人の子どもがいます。子どもたちは幼いころ、それぞれ『花屋さんになりたい』『ケーキ屋さんになりたい』『お寿司屋さんになりたい』など、夢を語ってくれました。三人三様の子どもたち。どんな道を歩んでいくのか。楽しみではありますが、ここではわが家の長男坊の夢と親とのかかわりについてお話しさせていただきます。

長男は小学生になると、自分が将来何になりたいのか、具体的に考えるようになりました。当時飼っていた愛猫が病気で亡くなるのを目の当たりにし、病気と闘う動物たちを救ってあげたいという思いから「獣医になりたい」という夢を話してくれました。それを聞いたとき、親としてどんな支援をしたらいいのか、夫と一緒になって考え、出した結論が、まず、「動物を怖がらず触ったり、抱いたりできることだろう」ということになりました。早速、それができる動物パークに連れて行き、小動物から実行に移しました。また、動物図鑑を与えたり、動物が主人公の映画を見せたり、夢を実現させるべく、親として色々な手を講じました。

しかし、その夢は高学年で消えたのです。なぜなら、息子は、新しい夢を見つけたからです。その夢とは教師になること。息子にとって、今も変わらずにもち続けているこの夢のきっかけ。それは、5年生の担任の先生との出会いでした。いつも子どもたちの思いに正面からぶつかり、一緒に悩み、笑い、思いっきり遊び、真剣に叱ってくれる、そんな先生を見続けていくうちに、あこがれが目標となっていったのです。

　ある日、自分も先生のような教師になりたいと言い始めました。さらに、中学で出会った管弦楽部の先生によって具体的な姿となり息子はある想いを抱くようになりました。もともと好きだった音楽を通じて子どもたちと向き合い、学ぶことができたらという想いを。息子は音楽の教師という目標に向かって今、確実に歩み始めています。音楽の教師としての素養を高めるため、様々な分野の音楽に触れ、ピアノ、バイオリンを嗜み、高校生となった今は、部活でチューバを奏でています。息子が夢に向かって一歩一歩歩んでいる姿に、私は親として何ができるのか？　と考え、一緒になって音楽を学ぶことにしました。お陰で、あまり好きではなかったクラシックも好きになりました。

　息子の夢は成長するにつれ変わりましたが、親として共にその夢を見られたことは財産だったと思っています。わが子を一番知る親だからこそ、一番の理解者として見守り続けていきたいと思っています。

10-2

3姉妹の高校進学相談

—千葉県—50代—男性
渡邉 錦一

＊家族構成＊

● 父 ● 母
● 長女 ● 二女 ● 三女

わが家には3人の子どもがおり、全員女の子です。希望としては、だれか家に残ってほしいと思いつつも、それもかなわないこともあると、覚悟しながら子育てしてきました。特に進路と就職は大きな課題です。今の日本の状況と、これからを考えると、4年制の大学だけは出してやりたいと思ってきました。そうなると、最初の人生の岐路となる高校の進学先は重要です。親としては、地元の進学校であり、また私と妻の卒業した高校でもある、A高校に行ってほしいと願うようになりました。でも、あからさまに「A高校に行って。」とはなかなか言えません。やはり、子どもの将来は、自身の希望を尊重したいですし、自分で決めてほしいからです。子どもたちが小さいころは「将来は何になりたいの？」などと私が聞いて「幼稚園の先生。」と子どもが答えれば、「それなら大学にいかないとなれないね。」などと会話しながら、将来の夢を話していました。

そんな話をしていたなか、まだ長女が小学校4年生のときに、小学校のPTA会長を務めることになりました。近所の先輩からの依頼ですので、断るわけにもいきません。子どものため、ひいては学校のためになるならと引き受けました。その後、様々な事情から、小学校PTA会長を2期4年、中学校PTA会長を2期2年、さらに二女がA高校在学中にA高校PTA会長を1年努めました。小・中の会長をやっていない時期も市PTA連絡協議会の役員を務め「PTA漬け」の日々が始まりました。でも、このことが子どもたちの進路に大きな影響を与えることになったのです。

PTAの会議に出席すれば、多くの先生や先輩たちから有益な情報を得ることができます。また、影響が大きかったのは、市PTA連絡協議会の会議です。そこでは、市内20校の小・中学校の校長先生と一緒になるのですが、中学校の校長先生からは、高校入試や地元高校に関する情報を教えてもらうことができたのです。私は、そのことを家に帰ってから家族の前で話すようにしました。特に、両親が密かに入学してほしい高校の話はよくしました。もちろん、良くない点も正直に話すことにしていましたが、長女はいつしか「A高校へ行く。」と決めてくれました。親として、本当にほっとしたときです。

二女は、部活動をどの高校で続けるかについて悩み、強い高校でやるか、姉と同じ高校で続けるかの選択に悩んでいて「自分の行きたいところに行きたいな。」と話しましたが、結局、A高校を選んでくれました。

そして三女は…もう完全に任せていたのですが、やはり「お姉ちゃんたちがすごく楽しそうだったので、A高校に行く。」と決めてくれました。

振り返ると、PTAの役員を長年やって良かったと思います。今、この原稿を書いているときは、三女の高校受験の時期で、まだ入学できるとは決まっていませんが、この本が出版されたとき、楽しいスクールライフを送る三女を見ることができることを期待してペンを置きます。

10-3 お稽古事ヒストリー 4人の子どもの17年間

—大阪府—50代—男性
宮本 隆司

＊家族構成＊

●父　●母
●長女（大学生）　●次女（大学生）
●長男（高校生）　●次男（小学生）

わが家には21歳の大学4年生を筆頭に、小学校6年生まで4人の子どもがいて、4人それぞれに色々なお稽古事を習わせてきました。

お稽古事の始まりはピアノです。一番上の子どもが女の子だったこともあり、4歳になる少し前から習わせました。私自身は楽器ができないので憧れもあり、女の子だけではなく、下2人の息子たちにも習わせました。現在高2（長男）の息子は6年生まで続け、中学時代も自分で好きな曲の楽譜を持ってきては弾き、文化発表会や卒業式での伴奏役も務めました。

そろばんも全員に習わせました。基本的な計算能力を習得することはもちろんですが、私も妻もそろばんを習っていたこともあり、そろばんの暗算の感覚は社会生活のなかで何かと役立つのではないかという思いがありました。

スイミングも心肺機能を高めて体を強くするだろう、海等で事故に遭っても助かる確率が高くなるだろうなどと思って習わせました。

以上は4人の子ども全員に習わせたお稽古事ですが、息子2人には本人たちの希望もあり、空手とフットサルを習わせました。空手は精神的な成長を期待し、フットサルは、チーム競技なので、学校とは違った集団活動のなかでの学びを期待しました。

お稽古事の効果はいくつかあると思いますが、私は三つ挙げたいと思います。一つ目は、現在の自分の強みを作ることです。基本的に親は素人で教えてあげられることにも限界があります。楽器やスポーツ等は専門家に委ねざるを得ません。専門的な指導を受けることで適切に習熟し、専門性が高まって強みとなり、自信をもつことができて自尊感情も高まると思います。

二つ目の効果は、将来の自分の夢を見つけるきっかけです。子どもの健全な成長には夢をもつことが重要です。夢は子ども自身が見つけてくることもあるでしょうが、お稽古事を通じて親が選択肢を広げることが可能ではないかと思います。いくつかのお稽古事は、将来の夢につながる羅針盤になると思います。一番上の娘は、中学、高校ともに吹奏楽部に入って音楽を続け、夏の高校野球の開会式、閉会式で演奏する吹奏楽団の大阪選抜に合格し、思いがけず娘に甲子園へ連れて行ってもらうことができました。現在、芸術系の大学で音楽の教師になることを目指して頑張っており、最初のお稽古事が一生の仕事につながっていこうとしています。

三つ目の効果は、目標達成プロセスの習得です。「そろばんは2級まで」「スイミングは蛍光帽子（一番上のクラス）まで」「空手は黒帯まで」など、最終目標を明確に設定できること、また、そこに至るまでにも細かく級が設定されているので、スモールステップで小さな目標を達成していき、成功体験を積み重ねることができるのは、子どもの成長にとって非常に良いことだと思っています。

お稽古事に対しては家庭ごとに様々な事情があると思いますが、私は約17年の子どものお稽古事ヒストリーを思い返すと、以上のように感じています。

10-4 3姉妹の就職相談「プロの話を聞け!」

―福岡県―40代―女性
櫻井　ちはる

＊家族構成＊
●父（会社員）　●母（会社員）
●長女（社会人）　●次女（会社員）
●三女（大学生）

わが娘は、25歳、22歳、20歳です。子どもたちの進路選択には、親として重きを置き育てました。小学生のころには、機会を見つけて私がわかる範囲で、いろんな職種のお仕事の説明をしていました。子どもたちが自立するための勤労意欲をつけるためでした。

図書館で職業に関する本を借りたり、当時流行った『13歳のハローワーク』という本を身近に置いていたり、何かに興味を示したら、その職業の働いている姿を見せにイベントに参加したりしました。例えば、負けず嫌いでスタートダッシュに長けていた三女に白バイ隊って、かっこよくない？　と声かけ、5年生のときにパトカーや白バイ試乗体験ができるイベントに参加したことを覚えてます。直接、白バイ隊の方に質問していました。

そのわが子の進路は？　といいますと、25歳の長女は美容師をしてます。普通高校の1年のころに本気で考え始めました。ヘアメイクをしてあげてお客様に喜んでもらいたいと話していました。調べさせ、美容学校に2年間通うことが資格取得の早道と答えを見つけてきました。本気度を知るため、知人の美容サロンにお願いし、高2の夏休みに2週間ほどサロンワークを体験させてもらい、高3のとき、行きたいサロンの就職面接も挑戦させました。結果、就職には至りませんでしたが、本気度を確認でき美容学校へ進学。小学生のころから妹、友だちのヘアメイクを楽しそうにやっていて、そのころから、お客様に喜んでもらい、自分の心地良さを体得していたのです。

22歳の次女は理系女子です。仕事でときにドクターイエローに乗り、点検業務をしています。小さいときから手先が器用で、1人の時間を何かを作ることに熱中していました。中学のときから、高専や工業高校の○○制作教室等のものに参加させ、理系高校の様子も感じさせました。県立の工業高校へ進学し、入学直後から、3年後の就職を意識させ、高校にくる求人票や就職した先輩の声や先輩とコンタクトをとることを勧めました。中学までの性格は、1人になることが好きだったので、このままだと、社会に出て世代を超えた方とのコミュニケーションがうまくできないからと、大人と話すことや自分からの挨拶を徹底するようにもアドバイスしました。進路指導室への出入りが、学年で最多だったと卒業式で先生から聞きました。企業決定や面接試験の練習には、親の協力も求めてきたので、時間をかけ対話しました。次女にそれができたのは、私たち夫婦が工業高校卒業で理系の分野が強みだからでした。高卒で入社して4年、60歳近い上司や同僚から学び、ときには悩み、笑い、人間関係もいろいろあるさと明るく仕事をしているようです。

20歳の三女は、大学2年。なりたい職業のイメージは中学でできたので姉と同じ工業高校を希望しましたが進路選択で悩んだとき、工業高校の先生がその大学に進むならと普通高校進学を進めてくださり普通高校へ。現在に至ります。

私流の進路の子育ては、「とにかく人生の先輩であるその職業の方に会わせる！」ことでした。マッチングのために自身が人に会い続け、対話することでした。参考になれば幸いです。

編集後記

家庭は子どもたちが最も身近に接する社会、常に子どもの心のよりどころになるものです。ですから子育て（家庭教育）は、すべての教育の出発点といわれています。家庭は、家族のふれ合いを通して、子どもが基本的な生活習慣や生活能力、人に対する信頼感、豊かな情緒、他人に対する思いやり、基本的倫理観、自尊心や自立心、社会的なマナーなどを身につけていく上で重要な役割を果たしています。

確かに子どもの教育の第一義的責任は親がもつものであり、尊重されなければなりません。しかしながら子どもは家庭のなかだけで育つわけではありません。学校や地域の様々な人たちとかかわり、見守られながら成長していきます。

かつては親以外にも多くの大人が子どもに接することで、それらが全体として家庭教育を担ったり、親同士や地域の人々とのつながりによって、親として学び、育てるなど地域において子育てや家庭教育を支える仕組みや環境がありました。昨今では、都市化や核家族化、少子化、雇用環境の変化などにより、こうした地縁的なつながりや人との関係が希薄化し、親が身近な人から子育ての仕方を学ぶ機会が減ったり、子育ての悩みなどを相談できる人がそばにいないといったような、親や家庭を取り巻く状況、子育てを支える環境も大きく変化しています。また仕事と子育ての両立の難しさなど、様々な要因を背景として、家庭の孤立化や、忙しくて時間的精神的ゆとりをもてない状況など課題も増えてきています。こうした状況は決して個々の家庭だけの問題ではありません。

保護者の皆さんが安心して子育てや家庭教育ができるよう、改めて、家庭教育の大切さを社会全体で考え、支援していくことが大切であると私たち日本ＰＴＡは考えています。子育ては十人十色、家庭環境も様々です。正解も不正解もありませんが、様々な子育ての情報を共有することで、私たち保護者にいろいろな引出しができるのではないでしょうか。「子育てに悩みは尽きませんが、少し立ち止まり振り返ってみませんか。」そんな想いで全国から、『わが家の子育て』を集めました。保護者の皆様が悩める子育て、でも子育ては楽しい、うれしい、そう思っていただける本となれば幸甚です。

結びに、本書出版にあたってご寄稿いただきました全国の単位ＰＴＡ・連合会の皆様には、ご多用中のなかご尽力いただきましたことに厚く御礼を申し上げます。また様々なご指導・ご助言をいただきました、（株）ジアース教育新社の加藤社長をはじめスタッフの皆様、本当にありがとうございました。

平成30年度　出版・編集ワーキンググループ

リーダー　齋藤　芳尚

○出版編集

東川　勝哉　公益社団法人日本ＰＴＡ全国協議会　会長

編集委員長

寺本　充　公益社団法人日本ＰＴＡ全国協議会　顧問

齋藤　芳尚　公益社団法人日本ＰＴＡ全国協議会　副会長

髙尾　展明　公益社団法人日本ＰＴＡ全国協議会　特任業務執行理事・調査役

佐藤　秀行　公益社団法人日本ＰＴＡ全国協議会　参与

西村　澄子　福岡県春日市教育委員（日本ＰＴＡ平成25年度常務理事）

木澤　勝　東京都公立中学校ＰＴＡ協議会　前会長

原口　美穂　公益社団法人日本ＰＴＡ全国協議会　事務局総務主幹

PTA
わが家の子育て
～悩める子育て　楽しい子育て～

平成30年8月15日　初版第1刷発行

著　作　公益社団法人日本PTA全国協議会
〒107-0052　東京都港区赤坂7-5-38
TEL 03-5545-7151
発行人　加藤　勝博
発行所　株式会社ジアース教育新社
〒101-0054　東京都千代田区神田錦町1-23 宗保第2ビル5階
電話 03-5282-7183　FAX 03-5282-7892
(http://www.kyoikushinsha.co.jp/)

イラスト　加藤　巧　　Printed in Japan
表紙デザイン・DTP　株式会社 彩流工房
印刷・製本　株式会社 創新社

ISBN978-4-86371-474-8
○定価は表紙に表示してあります。